Leiblichkeit
Von Friedrich Weinreb

Leiblichkeit

Unser Körper und seine Organe
als Ausdruck des ewigen
Menschen
Von Friedrich Weinreb

Thauros Verlag
Weiler im Allgäu

1.–3. Tausend
© 1987 Thauros Verlag GmbH
Jakob-Huber-Straße 9   D-8999 Weiler im Allgäu
Typographie Rudolf Paulus Gorbach
Herstellung Gorbach GmbH Gauting-Buchendorf
Satz aus der Walbaum Antiqua
Satz und Druck Hieronymus Mühlberger Augsburg
Bindung Wilhelm Nething Weilheim/Teck
ISBN 3-88411-033-0
Printed in Germany

Inhalt

Körperliches Befinden
9

Leib, Selbst und Leben
12

Seele
16

Leiblichkeit im Wort
19

Fleisch und Blut
21

Herz und Kreislauf
23

Lunge und Atem
28

Gesicht, Sehen und Einsicht
40

Ohr und Stimme
45

Mund und Sprechen
50

Essen, Geschmack und Hunger
55

Der Körper im Bild des Tieres
58

Trinken
61

Die beiden Röhren
63

Koscher
65

Magen und Darm
70

Nieren
75

Leber
77

Galle
82

Milz
85

Gehirn und Vernunft
88

Die weibliche Scham
100

Das männliche Glied
105

Der Körper in seiner Beziehung zum Leib
108

Hände
111

Füße
114

Lebenswege vom Körper zum Leib
117

Tod, Leben und Ewigkeit
120

Sich gewöhnen, im Wort zu wohnen
123

Vorwort des Verlegers

Die Expansion des Körpers und bloßer Körperlichkeit ist in unserer Zeit zur akuten Bedrohung angewachsen. Weltweiten Anzeigenkampagnen mit blühenden, reizenden Frauen- und Männerkörpern, die durch ihre hemmungslos hervorgetriebene Körperlichkeit irgendwelche Konsumprodukte verkaufen helfen, stehen erstmals in der Geschichte der Menschheit bald ebenfalls weltweite Anzeigenserien gegenüber, die zwar auch schöne Körper zeigen, aber in rüder Sprache und unverblümt auf das drohende Ende allzu genußgieriger Körper hinweisen. Den Untergangsphantasien über den Welt-Körper in atomaren oder ökologischen Katastrophen entspricht das Grauen vor der Infizierung des eigenen nahen Körpers mit schleichender Verwesung in einem Akt, wo ein Körper den anderen zum Genuß benutzt.

Der Körper am Ende?

Da stellt sich von selbst die Frage nach seinen Grenzen. Und wen sein Weg bis zu diesen Schranken geführt hat, der könnte jetzt einen Blick hinüber wagen. Zeigt sich ihm vom Jenseits dieser Grenzen her das Leben in der Beschränkung auf den Körper nicht als eigentliche Beschränktheit, die, schon der Enge wegen, die Angst als ständigen Begleiter haben muß?

Mit seiner Schrift über die Leiblichkeit begründet Friedrich Weinreb von neuem und ziemlich unerwartet die wahre Freiheit des Körpers und aller Körperlichkeit. Die sogenannte Aufklärung ermuntert zum Zugreifen, zum Genuß ohne Reue; was sie als Freiheit ausgibt, ist tatsächlich nur ein befristetes rauschhaftes Spiel in drangvoller Enge, quälender Beschränkung. Freiheit des Körpers aber, *wie sie Weinreb als Leiblichkeit aufzeigt, drückt sich in grenzenlosem Beziehungsreichtum aus, nichts ausschließend, alles einbeziehend.*

In der Sprache, im Wort bezeugt sich fortwährend und unerschöpflich leibliches Leben. Es bedarf gar keiner eigenen Lehre vom Leib; jede Theorie ist hier überflüssig, denn schon unsere alltägliche Sprache »weiß« vom Körper, vom Leib des Menschen, seiner Gesundheit und seinen Krankheiten in treffender Anschaulichkeit mehr, als wir durch Theoretisieren und Systematisieren dazu beibringen könnten.

Daran werden wir nach der Lektüre nicht mehr achtlos wie bisher vorbeigehen können. Vor allem aber wird es uns klar werden, daß unsere Einsichten auch der Verkörperung durch uns bedürfen, wenn sie nicht in ätherischer Schwerelosigkeit wie Seifenblasen zerplatzen sollen; wie andererseits aber auch unser Begreifen und Verstehen notwendig ist, wenn etwas Hand und Fuß haben soll.

Es wäre ein Glück zu erfahren, wie alles leibt und lebt. Dann fänden wir leicht aus der Fremde und Entfremdung abgespaltener Körperlichkeit wieder heim. Könnte uns nicht dort, im Ursprünglichen wohnend, die ersehnte Freiheit des Körpers bald zur neuen Gewohnheit werden? Das ist keine Utopie, denn der Ort dieses Austrags sind wir selbst. Was also läge näher, als mit der Sinnerfüllung dort zu beginnen, worauf wir selbst beruhen: unserem Körper?

Weiler im Allgäu, 21. Februar 1987
Christian Schneider

Körperliches Befinden

Wir sorgen uns sehr um unser körperliches Wohlbefinden. Und das mit Recht, denn der Körper ist Basis und Ausgangspunkt für alles andere. Das Denken, das Fühlen, das Lernen, alles braucht den Körper mit allen seinen Teilen. Es klingt auch ziemlich unrealistisch, wenn man hie und da hört, der Geist sei doch die Hauptsache, oder gar die Seele. Und wenn schon –, ohne den hier lebenden Körper wäre es nur ein hohles Gerede. Der Mensch weiß zu gut, daß mit dem Tod hier alles aus ist; was er auch sonst von Spiritismus, Psi oder Seelenwanderungen halten mag. Der lebende Hund ist mehr als der tote Löwe, heißt es schon im Prediger.

Und aus diesem gesunden Realismus heraus haben wir auch ein Interesse daran, den Körper so zu pflegen, daß er weiterhin Basis für alles andere sein kann. Um ein großer, ein genialer, ein guter Mensch zu sein, braucht man seinen Körper, und im allgemeinen einen funktionsfähigen Körper. Ein bißchen Kopfweh darf schon sein, aber nur nicht zu viel. Genauso darf es ein wenig Bauchweh oder etwas Rückenschmerzen geben. Aber nur nicht so, daß es uns hier im Leben zu sehr reduziert. Keiner also kann hier behaupten, sein Geist sei schon so stark, daß er über allen Krankheiten oder Gebrechen stehe. Die Krankheiten hindern oft den Geist, sich im Leben durchzusetzen. Sie lenken ab; man *muß* sich schon mit ihnen beschäftigen. Sie machen schläfrig, müde, wirken oft irritierend.

Im Hebräischen heißt krank »chole«, vom Wort »chol«; und das bedeutet auch »Alltag«, eben das Normale, das dem Besonderen, dem Heiligen gegenübersteht. Daraus können wir schon viel über unser Befinden erfahren. Normalerweise ist der Mensch »krank«, das heißt, er kann sich nicht wohl befinden, es sei denn als Ausnahme. Er weiß, daß ihm manches dazu fehlt.

»Was fehlt Ihnen?« fragt man auch oft. Wir wissen, daß wir nicht vollkommen sind; es fehlt uns vieles zur Vollkommenheit. Schon weil man weiß, daß das Leben einmal aufhört, hier zu erscheinen, haben wir ein unbewußtes Gefühl, etwas ganz Prinzipielles fehle uns. Allein das schon ist unser Kranksein. Wir alle entsprechen der Norm, sind dadurch krank. Das Leben ist begrenzt, das ist normal. Dennoch aber die Sehnsucht, unbegrenzt zu leben. Utopie? Mag sein. Es gehört aber zum Menschen, von dieser Utopie zu träumen, sie ist seine unausgesprochene Hoffnung.

Der Körper ist sterblich. Das ist eine uneingeschränkte Erfahrungstatsache. Es wäre auch nicht nur unwissenschaftlich, sondern einfach dumm, wenn man behaupten würde, der Körper als Träger von allem anderen lebe weiter. Und keiner weiß, wie lange er hier noch zu leben hat. Statistische Wahrscheinlichkeiten gelten zwar, wenn man größere Mengen von Menschen betrachtet. Für jeden einzelnen aber gilt: Keiner weiß sicher, wie lange er hier noch zu leben hat.

Hier fällt mir immer eine Anekdote ein. Ein Arzt, in der Blüte seines Lebens, betreut einen Kranken, der schon in eine der letzten Phasen seines Lebens eingetreten ist. Eines Tages glaubt er, entdeckt zu haben, daß seinen Patienten eine, wie man dann meist sagt, heimtückische Krankheit befallen habe. Er überlegt reiflich, ob er das seinem Patienten mitteilen soll, und kommt zu dem Schluß, es sei seine Pflicht, dem Kranken die wissenschaftlich festgestellte Diagnose zu eröffnen. Vielleicht hat er noch kein ordentliches Testament vorbereitet? Vielleicht möchte er noch einiges verschenken, sich von gewissen Leuten noch verabschieden? Und brauchen nicht manche Leute einige Zeit, um mit sich selbst ins reine zu kommen? Deshalb klärt er den Kranken zu einer geeigneten Stunde während eines Gespräches auf. Der Kranke nimmt die Mitteilung gelassen auf, ist dem Arzt sogar dankbar, daß er jetzt Zeit habe, alles in Ruhe zu regeln. Der Arzt hatte, wissenschaftlich fundiert, davon gesprochen, man rechne in solchem Stadium mit sechs bis acht Monaten.

Und tatsächlich, der Tod trat ein. Schon nach sechs Monaten. Das heißt, der kerngesunde Arzt starb. Vom Patienten weiß ich es nicht. Der muß – die Geschichte ist schon ein halbes Jahrhundert alt – ebenfalls schon längst gestorben sein.

Der Arzt starb den Jahren gemäß sehr früh. Buchstäblich beim Frühstück, als er sein Söhnchen belehrte, wie gesund Turnen sei; er selber turne auch noch jeden Morgen. Und da fiel er vom Stuhl. Herzstillstand. Deshalb weiß ich auch nicht, wie es dem heimtückisch heimgesuchten Patienten weiter ergangen ist. Was weiß ein Mensch schon? Er kann sich höchstens statistisch, mit der Wahrscheinlichkeit, beruhigen. Bis auf weiteres.

Und das ist die Wahrheit vom Leben hier. Jede körperliche Erscheinung ist diesen Naturgesetzen unterworfen. Der eine lebt länger, der andere kürzer. Der eine stirbt bei einem Verkehrsunfall, der andere »unerwartet«; der eine an einer heimtückischen Krankheit, der andere ertrinkt; der fällt in einen Abgrund, der bricht sich beim Skilaufen das Genick, der stürzt von einer Treppe; man mußte sich einem chirurgischen Eingriff unterziehen, der erfolgreich war, aber Tage später kam es zu einer Thrombose. Welchen Sinn hat es, Todesursachen zu beschreiben? Viele sterben einfach ohne Ursache. Es steht auch ohne Ursache fest, daß alle Lebewesen auf Erden einmal sterben. Und es scheint dabei, wie überhaupt im Leben, ziemlich launisch zuzugehen.

Unser Streben nach Lebensverlängerung ist vielleicht eine realistische Art, die utopische Sehnsucht nach Leben überhaupt auszudrücken. Wer wollte nicht ewig leben? Selbst wenn man nicht weiß, was »ewig« bedeutet; und viele »ewig« für »unendlich« halten. Gemeint ist doch: Keine Grenzen soll es geben, keine Schranken, nichts soll ausgegrenzt sein. Das aber nennt man, bitter lächelnd, Utopie, das heißt, nirgendwo gibt es einen Ort, wo so etwas sein kann. Und dennoch gab und gibt es in der Menschheit und in jedem Menschen immer diesen Traum vom Leben.

Man hat solche Träume, solche Gedankenfetzen, aber man spricht nicht davon. Einmal wäre es peinlich, man machte sich lächerlich. Zum anderen könnte man es kaum oder gar nicht artikulieren. Hat man etwa eine Vorstellung, wie das alles dann aussähe? Es ist unvorstellbar, und so läßt man es, sehr vernünftig, besser gleich sein.

Leib, Selbst und Leben

Was aber sagt uns das Wort »Leben«? Spüren wir nicht eine Verwandtschaft mit »leiben« und kommen so auf das Wort »Leib«? Wie viel wird nicht vom Leib des Menschen, vom Leben überhaupt, gesprochen und gedacht! Warum also nicht einmal vom Wort her den Körper, das Fundament unseres hiesigen Lebens, näher, intensiver und wahrheitsgemäß betrachten?

Mich fasziniert das Wort als solches. Die Sprache in ihrer Vielfältigkeit ist für mich ein Wunder, dessen Quelle ich behutsam suche, mit Sorgfalt, zart und liebevoll suche, denn das Finden verspricht mir, mich damit erst selber zu finden. Und ist das nicht die Hauptsache und der Sinn des Lebens überhaupt?

Ich will dabei meine Kenntnisse der Sprachen, vor allem auch der Bibelsprache, des Hebräischen also, voll einsetzen. Nicht, weil das Hebräische die Ursprache oder besser als andere Sprachen wäre, sondern weil es vielleicht in mancher Hinsicht vom Leben etwas sagt, das sonst verborgen und vergessen bliebe. Dabei denke ich auch an die Worte: »Im Anfang war das Wort, und das Wort war bei Gott, und Gott war das Wort.« Und weiter: »Alle Dinge sind durch dasselbe gemacht, und ohne dasselbe ist nichts gemacht, was gemacht ist. In ihm war das Leben, und das Leben war das Licht der Menschen...«

Vielleicht kann uns diese Quelle, von der ich hier nichts weiteres sage, auf der Suche nach dem Sinn des Körpers und seiner Organe und ihrer Funktionen manches mitteilen, das uns neu ist. Sahen wir nicht, daß das Leben des Körpers begrenzt ist? Also finden wir damit eigentlich keinen Frieden. Aber anstatt nur zu träumen, anstatt nur von Utopien zu sprechen, möchte ich mit den Worten der Sprachen dem Leben näher auf den Leib rücken.

Woraus schöpft zum Beispiel das Deutsche, wenn es sagt, man *verstehe* etwas? Wie weiß die Sprache, daß dabei unsere Füße, unsere Beine, beteiligt sind, das Stehen also? Welche Sprachkommission hat das so beschlossen? Und wer *begreift* mit den Händen? Woher, wenn nicht vom Körper, kommt dieser *Begriff*? Was hat das Herz im Körper mit dem Hartherzigen und Warmherzigen zu tun? Woher die Rede, daß man eine Nachricht zum Beispiel erst einmal verdauen müsse? Und wenn man jemanden nicht riechen kann, dann muß das nicht unbedingt an seinem Körpergeruch oder Parfum liegen. Man ist gut oder schlecht gestimmt, weiß etwas bestimmt oder ist manchmal verstimmt, ohne daß irgendwo der Laut einer Stimme vernommen wird. Der Hartnäckige kann durchaus einen geschmeidigen Nakken haben. Man trägt sein Schicksal und erträgt Leute ohne physische Anstrengung.

Wie kommt das Wort zu solchen Äußerungen? Und man könnte noch sehr viele solcher Beispiele hinzufügen. Der Körper scheint also in der Sprache, im Wort, noch andere Aspekte zu besitzen. Und das nur schon in der deutschen Sprache. Kennt das Wort den Körper in anderen Dimensionen? Das Wort kommt uns wie ein Traum aus anderen Wirklichkeiten als den unserer Sinne. Nun, es heißt doch auch, daß Gott das Wort ist.

Wenn ich jetzt auf andere Sprachen und weitere Beispiele nicht eingehe und mich der Sprache der Bibel zuwende, dann hoffe ich, daß man keine Schwierigkeiten hat, die Quelle der Sprachen dort zu vermuten, wo vielleicht das echte, das nicht-begrenzte Leben lebt und leibt. Vielleicht also wird der Leib uns helfen, erst richtig aufzuatmen und unser Leben dort zu erfahren, wo es immer war, immer ist und immer sein wird. Und der Leib besteht dann aus den gleichen Organen, Gliedern und Funktionen wie der Körper, den wir doch sterblich nennen.

Denn wenn der Leib etwas ganz anderes wäre –, warum nennt dann das Wort die Teile des Körpers mit den gleichen Worten wie die des Leibes? Ist ein Löwe hier etwas anderes als in der Bibel? Im *Wort* sind sie gleich. So hat Gott Augen, Hände, ein Herz wie die Menschen der Bibel und wie die Menschen im Körper. Was aber wäre dann der Unterschied zwischen dem Körper, dem sterblichen, und dem Leib, dem vielleicht doch ewigen?

Der Leib wäre dann etwas in der Mitte zwischen dem Selbst – dem Gefühl, man sei jedenfalls da, abgesehen von der körperlichen Erscheinung – und der Welt, also all dem, was man als seine Welt, als seine lebendige Umgebung kennt.

Dieses Selbst ist man nun einmal, empfindet es als das eigentliche Ich, den Kern seiner Erscheinung. Von diesem Selbst kommt das Gefühl, die Überzeugung, daß man, was auch mit dem Körper geschieht, selbst besteht, bleibt. Der Name Mensch in der Bibel, Adam, kann als das im Wort zusammengefaßte »im Bild und Gleichnis« Gottes gelesen werden, als ein »ich gleiche«, »ani dome«. So nennt Gott den Menschen.

Nun, das Wort »Selbst« lautet im Hebräischen wie »Knochen«, »ezem«; das Knochengerüst, das alles andere trägt, ist identisch mit dem Begriff des Selbst. Das Wort, die Sprache, sagt es so. In allen Formen des Selbst bleibt »ezem« der Stamm.

Die Knochen in der Erscheinung, die physischen, die des Körpers, sind also im Leib das Selbst.

Seele

Wir sprechen auch von der Seele. Im Körper kann man mit diesem Begriff nicht viel anfangen. Hebräisch heißt das Wort Seele »nefesch«. Man zählt in der Bibel, aber auch heute noch in manchen Sprachen, eine Einwohnerzahl nicht nach Körpern, sondern nach Seelen; im Hebräischen mit der weiblichen Mehrzahl von »nefesch«, nämlich »nefaschoth«. Das heißt, man zählt eigentlich den Leib. Den aber kann man nicht gut mit den Maßstäben des Körpers zählen. Der Körper gleicht dem Leib, ist aber ein sehr eingeschränkter Leib, ist viel weniger. Es sieht wie eine Anmaßung aus, den Körper dem Leib gleichzustellen. Die Maße, mit denen der Körper gemessen wird, sind ganz andere, sind begrenzte Maße. Nur das Wort ist in beiden Fällen gleich. Dann aber müßten wir nun in das Wort eintreten, auf das Wort eingehen.

Jetzt also auf das Wort Seele, auf die »nefesch«.

Die hebräischen Wörter haben die einmalige Eigenart, daß sie tatsächlich, also faktisch, »er-zählen«. In sehr vielen Sprachen spricht man vom Erzählen, davon also, daß Zahlen am Grunde des Erzählens anwesend sind. Trotzdem aber kann man sie als Wurzel nicht mehr finden, sie sind irgendwie verschüttet, in Verwirrung geraten. Nur im Hebräischen kann man hie und da, aber doch so oft, daß Zufall einfach ausgeschlossen ist, die Zahlen zum Begriff des Er-zählens zurückverfolgen. Jede Sprache hat ihre Eigenart, ihre Merkmale, ihre Schönheit, ihren Namen. Der Name Hebräisch sagt »von jenseits«. Das kann »jenseits einer Grenze, jenseits eines Flusses, jenseits eines Gebirges« bedeuten. Körperlich wäre das dann auch richtig. Für den Leib aber ist »jenseits« auch mehr, nämlich »jenseits« unserer Wirklichkeit, jenseits unserer Naturgesetzmäßigkeit, jenseits unserer Sinne, bis sogar jenseits unseres Körpers, jenseits unseres Lebens.

Das Hebräische hat demnach etwas, was andere Sprachen in ihrem Namen nicht haben; es nennt sich selbst »von jenseits kommend«, von »ewer«. Deshalb der Name »iwrith«; vom Wort her hat er, wie alle Namen, seine Deutung schon in sich selber.

Nun hat das Wort »nefesch« in seinem Er-zählen die Zahlenstruktur 5-8-3, in diesem Falle also 50-80-300. Es zeigt damit eine Verwandtschaft zum Worte »fallen«, »nofel«, das 50-80-30 erzählt, also auch die 5-8-3. Die Wörter aber sind nicht gleich, das letzte Zeichen von »nefesch« ist die 300, von »nofel« die 30. Wer denkt da nicht an ein »Fallen«-müssen der »nefesch«? Denn die Schlange, die beim »Fall« eine Rolle spielt, heißt hebräisch »nachasch«, in Zahlen 50-8-300. Hier ist es die 80 von »nefesch«, die zur 8 wird in »nachasch«.

Das, was wir Zahlen nennen, heißt im Hebräischen »mispar«, mit gleichem Stamm wie die hebräischen Wörter für Buch, für erzählen, wie »sefiroth«. Die Zeichen, mit denen wir schreiben, die wir lesen und die wir durch unseren Mund verlauten lassen, sind in der Reihenfolge der Zahlen geordnet, also als 1, 2, 3, 4 usw. Es ist die Reihe des hebräischen Alphabets. Und diese Zahlen, hier also identisch mit der Reihenfolge der Buchstaben, erzählen so vieles, daß Zufall oder Spielerei mathematisch ausgeschlossen sind. Hier sieht man bis zu den Quellen, in ein Jenseits hinein, daß Zahlen, Proportionen, die Harmonie, die Schönheit des Erzählens bedingen. All das führt in eine klare, jenseitige Mathematik hinein.*

Natürlich kann man mit unserem diesseitigen Zahlen-Empfinden nicht alles einsehen. Es bleibt, wie man das aus dem Leben auch kennt, ein unerklärbarer Teil, es bleibt ein Geheimnis. Und dieses Geheimnis lockt wie das Bild einer schönen Frau, und es führt uns in die weitere Pracht der Paläste, oder es verführt uns in den Sumpf oder in den Abgrund. Das sind die Geheimnisse des Leibes, seine Abenteuer. Dies wohl ist die eigentliche Geschichte eines jeden Lebens, vom Kleinsten bis ins Größte, vom hier Unwichtigsten bis ins überhaupt Wichtigste.

Die »nefesch« also gilt für den hier erscheinenden Menschen wie für die hier nicht erscheinende Seele. Unser Selbst enthält aber auch das hier Nicht-erscheinende, ist eben das Nicht-manifestierbare eines jeden Lebewesens.

Man kann einer Pflanze, einem Tier nicht ansehen, welche Wunder ihr Instinkt enthält. Sie sind nicht nur »nützliche«, für uns also brauchbare Wesen, sie haben ihre Art, ihre Eigenart, sie haben ihr Selbst, ganz verschieden oft von unserem Selbst. Sie haben ihre eigene Wirklichkeit.

Es kann sein, daß unser Leib ihrem Leben, ihrem Leib nähersteht, als unsere körperliche Erscheinung der ihrigen. Wir haben hier keine Kommunikation mit ihnen; mit dem Leib, mit der Seele, der »nefesch« aber könnten wir mit ihnen in einem gemeinsamen Bündel des Lebens stehen. In der Bibel spielen die Tiere, Pflan-

* Siehe Friedrich Weinreb, »Zahl, Zeichen, Wort – Das symbolische Universum der Bibelsprache«, Thauros Verlag, Weiler im Allgäu.

zen, Gesteine, die Wasser, die Wolken vielleicht eine ganz andere Rolle als in unserer körperlichen, in unserer konkreten Welt. Denn wo sehen wir hier Engel, wo spricht hier Gott mit uns?

Vielleicht in unseren Einfällen, in unserer Einsicht, in unseren Stimmungen. Während wir hier Ursachen finden wollen, die vielleicht so unauffindbar bleiben müssen. Der Leib, das Selbst, könnte uns aber Antworten geben. Und vielleicht tut er es auch. Könnten unsere Stimmungen, unsere Depressionen, unsere Phobien nicht auch dort ihre Quelle haben?

Leiblichkeit im Wort

Was ich bisher hier an Hypothesen vorgebracht habe, war nur dazu da, uns mit dem Leib ein wenig mehr vertraut zu machen. Denn wir wollen doch das Wort aus dem Hebräischen, manchmal auch aus anderen Sprachen, als Leitfaden benutzen, um unseren Leib klarer zu erfahren. Vielleicht müssen wir ihn nur wecken, damit seine Quellen klarer in unser Bewußtsein hineinfließen. Es könnte gut und wohltuend sein, uns des Leibes mehr bewußt zu werden. Unser Selbst ist uns doch schon zum großen Teil unbewußt, aber das Bewußte gehört doch jedenfalls dazu. Und im Wachstum des Menschen, auch in seinem geistigen Wachstum, wächst mit dem Verborgenen, dem Nichtbewußten, auch das Erscheinende, das Bewußte.

Wir haben das beim Selbst erfahren, bei der Seele, der »nefesch«. Je mehr wir vom Jenseitigen durch das Wort erfahren, desto klarer wird uns das Erscheinende.

Der »Baum des Lebens« enthält doch sowohl das Ewige als auch das Zeitliche, das Sein *und* das Werden. Und »Leben« im Hebräischen, »chajim«, ist im Wort schon eine Dualität; es enthält das Selbst *und* das Erscheinende, das Leben hier, im Körper, *und* das Leben »dort«, im Leib. Es enthält sogar das Leben hier *und* das Leben im Tod.

Wenden wir uns nun den Teilen und Organen des Körpers zu, die wir vom Wort her betrachten wollen, um so unseren Leib kennenzulernen. Denn wir wollen doch aus den Begrenzungen, die der Körper in seiner Erscheinung uns unwiderruflich zeigt, ausbrechen, um uns als ewiges und einmaliges Wesen zu erkennen. Tatsächlich, es wäre ein Vergehen, uns als vergehend in der Zeit zu sehen. Wir wollen uns als zeitlich *und* ewig kennenlernen. Wie der Dornbusch vor Mose brennt und doch nicht verbrennt. Wir gehen den Weg, aber wir vergehen nicht. Wir fallen und steigen zugleich auf.

Schon unser Körper kann uns vom Wort her manches erzählen. Es ist zum Greifen nah, so nah, daß wir es gar nicht sehen, so nah, daß es kaum geglaubt werden kann. Das Wort soll seine Chance bekommen. Der Mensch will nicht sterben, er will leben. Wir wollen doch, wenn wir jetzt von den Organen sprechen, vom Körper zum Leib kommen. Dann werden wir entdecken, daß der Körper der Leib im Aspekt des Zeitlichen ist, der Leib in der konkreten Erscheinung. Und wir werden sehen, daß unser Körper erst im Leib recht lebt, daß er erst vom Leib her verstanden werden kann. Und daß auch erst dann das Leben hier richtig gelebt werden kann.

Wir möchten doch einen gesunden Körper haben, einen Körper, der den Tod nicht fürchtet, der vom Tod, wie wir ihn körperlich kennen, nicht weiß. Denn das Wort, das von Gott ist, hat uns aus der Welt unter der Herrschaft des Todes hinausgeführt, und wir sind in eine Welt eingetreten, in der man frei und erlöst ist. Die Bande des Todes haben sich gelöst. Wir haben unseren Leib erkannt.

Fleisch und Blut

Verspreche ich zuviel? Das hängt vom Leser ab. Aber auch ich zweifle manchmal. Denn dieses Leben wird dann zu einem Abenteuer. Kommt man durch, bricht man durch? Wovon hängt das ab? Leben, leiben, loben, laben, geloben, glauben, lieben; auch diese Worte sagen vielleicht mehr, als wir fassen können. Ist unser Gefäß zu klein? Übersteigt, was uns kommt, unser Fassungsvermögen? Der Kelch fließt über, er kann den Überfluß nicht fassen. Warum ist er zu klein? Hängt es mit dem Leib zusammen, mit anderen Dimensionen? Haben wir diese auch in unserem Leib, oder geht es aus anderen Gründen nicht? Könnte unser Leib es vielleicht doch fassen? Kann das Unmögliche dort möglich sein? Vielleicht finden wir den Weg dorthin und erkennen dann, daß unser Befinden sehr wohl ist. Wenn man den konkreten Menschen meint, spricht man gern vom Menschen »aus Fleisch und Blut«. Dabei stellt man sich auch seinen Körper richtig vor: massig. Die entsprechenden Worte der Bibel sind »bassar« und »dam«. Was kann schon ein Mensch, »Fleisch und Blut«, dafür? Er kann eben nichts anderes.

Aber das Wort »bassar« heißt nicht nur Fleisch, sondern auch Botschaft. Eine gute, eine frohe Botschaft ist eine »bessura towa«. Körperlich Fleisch ist also vom Leib, vom Leben her »Botschaft«. Die Botschaft vom Leib her erscheint hier als Fleisch. Auch im Tier.

Muskel, hebräisch »scharrir«, hat mit »Kraft« im Sinne einer Hartnäckigkeit, eines starken Willens zu tun. Das Anatomische enthält im Wort also schon viel mehr. Der Philologe wird auf solche Verwandtschaften nicht eingehen, da ein kausaler Zusammenhang meist fehlt oder nur künstlich hergestellt werden kann. Das Wort enthält in seinem Aufbau aber oft viel mehr als nur die eine Übersetzung.

Das zweite sehr Körperliche, Blut, hebräisch »dam«, ist vom Zeitwort »dome«, »gleichen«, abgeleitet. Der Mensch heißt doch »im Bild und Gleichnis Gottes«; und Adam kann auch als »ich gleiche« gelesen werden.

Ist das Blut im Körper des Menschen das sich materialisierende Gleichnis Gottes? Im Leib entspricht es dann wohl unserem Empfinden, daß wir von Gott her kommen, daß wir mit dem Sein verbunden sind, daß wir eigentlich und selbstverständlich ewig sind.

Der Mensch aus Fleisch und Blut ist also zugleich der Mensch als »Botschaft und Gleichnis«. Botschaft aus der Welt des wahren Lebens und Gleichnis jener Welt. Für den Leib ist das schon vom Wort her so.

Wir sehen die unüberbrückbare Kluft zwischen Körper und Leib. Wer käme auf den Gedanken, Fleisch und Muskeln in Zusammenhang mit einer Botschaft aus der Welt des ewigen Lebens zu bringen, wenn das Wort nicht wäre? Das Wort, das eben bei Gott ist.

Schon der Name Gott, hebräisch Elohim, bedeutet sprachlich, daß in ihm alles, was es gibt und worauf man zeigen kann, materiell und geistig in einer Einheit zusammengefaßt ist. All das Viele – Gedanken, Wünsche, Träume, Gegebenheiten, Luft, Feuer, Berge, Begegnungen –, alles zusammengefaßt in einer Einheit ist Gott. Jeder empfindet das auf seine Weise.

Und der Name Gottes, den wir mit »der Herr« übersetzen, das bekannte Tetragramm, drückt nichts anderes aus als das Sein. Das Sein an sich, das Sein überhaupt, das Sein in allen Zeiten. Man sollte diesen Namen eigentlich mit »Sein« übersetzen, ein immer gegenwärtiges Sein. Er war, er ist, er wird sein. Durch das Sein, das »howe«, die Zeit verbindend. Ein »Er« verbindet alle Zeiten.

Das Wort erleichtert uns solches Begreifen. Der Mensch im Leib erlebt dies alles so. Das geschieht hier, wie man sagt, unbewußt. Es ist die verborgene Seite, deshalb aber vielleicht gerade die Wurzel, die Quelle des erscheinenden Lebens.

Herz und Kreislauf

Nun gibt es im Körper einen Muskel, das Herz, aus Fleisch also, und dieses Herz läßt das Blut durch den ganzen Körper zirkulieren. Hebräisch heißt das Herz »lew« oder »leb« oder »lebaw«. Der Buchstabe l, das Zeichen Lamed, bedeutet im Hebräischen immer eine Bewegung zu einem Zentrum hin, einer Quelle sich nähernd. Und »lew« oder »leb« will auch sagen, es gehe einer »Zwei« zu, einer Zweiheit. Wozu? Vielleicht, weil diese Zweiheit eine Einheit ist, als Einheit erlebt werden könnte.

Das Herz hat doch auch zwei Seiten, und jede Seite ist sogar nochmals in zwei geteilt. Und es schickt Blut aus und nimmt Blut aus dem Körper auf. Alles geht also auf jene Zweiheit zu. Dort ist das Zentrum. »Lew« ist auch die Mitte.

Das Herz als Mitte der Welt, als Mitte des Lebens. Auf diese Mitte ist alles ausgerichtet. Und dort lebt die Zweiheit vom eingehenden und ausgehenden Blut. Das Gleichnis Gottes geht ein und geht aus. Ist der Sinn der Zweiheit die Freude der Einswerdung? Oder des Einsseins, des immer Einssein von zwei? Dazu vielleicht hier Leben und Tod, Mann und Frau, Zeitlichkeit und Ewigkeit? Dazu vielleicht hier das Rätsel von gut und böse?

Das Blut besucht durch die Adern und Venen den ganzen Körper bis in die äußersten Teile. Davon lebt der Körper. Im Leib ist es das Gleichnis Gottes, das sich überallhin begibt. Erkennt man im Durchfließen alles, die ganze Schöpfung, erkennt man den Sinn von allem, lebt man mit allem mit? Das heißt doch auch: Erkennen wir im Leben das Gleichnis Gottes? Ob wir mit der Welt mitleben, mit der Welt, die die Einswerdung noch nicht erfüllt hat, mit-leiden? Ob unsere Interessen weit genug in den Raum, weit genug in die Zeit gehen? Gehen uns die Wesen von Jahrmillionen her an, oder nicht? Was war das Leben früher? Was wird in hundert, was in Millionen Jahren sein? Wo bleibt der Mensch? Wozu die Aufregungen in der Welt, wozu der technische Fortschritt, wozu das Böse? Wie leben andere Leute, wozu die vielen Völker, die vielen Sprachen? Warum die Vielfalt der Religionen, wozu die vielen Arten in der Natur?

Das Blut geht aus dem Herzen hervor und es geht auch wieder zurück. Das »reine« geht hinaus, das

»dunkle« kommt zurück. Das Hinausgehen ist wie das In-die-Welt-kommen. In viele Bereiche kommt das Blut. Wie es in der Welt viele Arten gibt. Art heißt im Hebräischen »min«. Die Schöpfung, das Hinausgehen in die Welt, ist eine Teilung in die vielen Arten der Gesteine, der Pflanzen, der Tiere, des Menschen.

Der Buchstabe m, hebräisch Mem, zeigt die Bewegung hinaus an, wie l, die Lamed, die Bewegung hinein bedeutet. Das Herz hat beide Bewegungen, das Hinaus- und das Hineingehen. Das Hinausgehen ist das Kommen in die Welt und eigentlich ein Von-Gott-fortgehen, wie beim verlorenen Sohn. Neu, rein, frisch, wie das sauerstoffreiche Blut, das helle, hinauszieht in die verschiedenen Arten hinein. Bis ins Letzte.

Auch das Geschlechtliche hat mit »min« Verwandtschaft. Das Geschlechtsorgan heißt »ewer ha-min«, der Geschlechtsdrang »jezer ha-min«. Aber auch ein Ketzer ist ein »min«; er weicht eben von der Einheit ab.

Das Blut kehrt ins Herz zurück, um wieder hinauszuziehen. Wie das Leben heimkehrt, um in der Zeit immer wieder hinauszugehen. Wozu? Die vielen Arten der Erlebnisse werden erlebt. Es sieht beim Hinausziehen wie unendlich aus; bei der Heimkehr ist dann alles in eine Einheit gebündelt.

Hat der Mensch die Welt lieb? Für jeden Menschen kann das etwas anderes bedeuten. Man kann in dieser Hinsicht den anderen nicht beurteilen. Jeder hat sein »min«, seine Art, hat sein Geschlecht. Wozu diese Zersplitterung in unendlich viele Teile? Wozu das Verlassen einer Welt? Um zu erleben, alles zu besuchen und dann heimzukehren. Ob bei den Besuchen etwas erlebt wird, was mit Liebe zu tun hat? Was ist Liebe? Nützlich?

Oder ein Geheimnis? Man kommt wieder heim. Wozu das alles? Das Herz im Leib zeigt es. Und es ist dann auch das Herz im Körper. Wer aber denkt daran, daß es das gleiche Herz ist? Eben, in seiner Zweiheit ist es eins. Herz, »lew«, schreibt sich l-b, Lamed-Beth, also mit der 30 und der 2. Es geht dorthin hinein, von wo es ausging.

Der Mensch kann, das sieht man schon beim Herzen, nichts bewußt, gezielt tun. Er kann sich nicht vornehmen, mehr Interesse an der Welt zu haben. Das wäre eine Absicht, ein Zwang also. Nur in seiner unbewußten Freiheit kann es geschehen, daß ihn dies oder jenes anzieht. Das kommt ihm dann aus der Summe aller seiner Begegnungen, Gedanken, Wünsche, Träume hervor. Sonst ist sein Herz im Prinzip krank. Daß das Herz im Körper dann auch krank ist, muß gar nicht sein. Das Herz im Leib ist für viel mehr zuständig als für das gesunde Herz im Körper.

Man spricht deshalb auch von einem harten Herzen, einem Herz aus Stein. Vom Leib her ist das gesagt und meint, daß man sich nicht sehr für das, was in der Welt geschieht, interessiert. Man kennt nur sich und seine Art. Dennoch kann man damit sehr tüchtig sein, Geld für Arme sammeln, politisch sich betätigen. In Wirklichkeit aber kennt man nur seine Sippe, sich, seine Art. Das Herz im Leib funktioniert dann sehr beschränkt. Nur Gott kann das beurteilen, nur Gott kennt die Summe solchen Lebens. Er kennt es von vorher und von nachher, er kennt die Intensitäten. Kein Mensch kann dabei mit urteilen.

Und es gibt die Redewendung vom blutenden Herzen. Das Blut verläßt das Herz, um nicht zu ihm zurückzukehren. Das Herz gibt es auf. Es war dem Menschen nur darum zu tun, in die Welt zu ziehen; er kennt nicht den Sinn einer Heimkehr. Sein Leib hat keine Sehnsucht, alles, auch aus seinem Leben, in einer Einheit, in einem Zusammenhang zu erleben. Er ging in die Welt hinaus, um sie zu genießen. Und wenn sie ihm nichts gibt, verneint er einfach alles als sinnlos.

Wenn gesagt wird, anstelle des Herzens aus Stein solle ein Herz aus Fleisch treten, dann heißt das, eine Botschaft soll zu spüren sein. Wie sie erlebt, wie sie erkannt wird, muß jeder selbst erfahren. Denn jeder hat das Siegel der ganzen Welt, des ganzen Lebens.

Das unbeschnittene Herz, das beschnitten werden soll, wie es auch in den Propheten vorkommt, meint gewiß keine chirurgische Operation im Körper. Auch diese Mitteilung ist nur zu verstehen, wenn man das Wort aus allen Welten sprechen läßt.

Beschneidung, »mila«, hat die Einheit von m und l, der Mem und der Lamed, der 40 und der 30, das Hinausgehen *und* das Hineingehen. Der Unbeschnittene heißt ein »orel«, er hat nur ein Hineingehen von der Haut her, vom Erleben des nur Äußeren. Körperlich zeigt sich das in der sogenannten Vorhaut, die das männliche Geschlechtsorgan bedeckt. Wer Geschlechter nur von außen zählt und berücksichtigt, wer den Ablauf des Geschehens nur von der Erscheinung her beurteilt, ist ein Unbeschnittener. Was aber ist innen, was ist der Sinn des Geschehens, was ist verborgen? Dazu soll jene Vor-Haut weggenommen werden. Denn der Unbeschnittene, der »orel«, hat das Zeichen Lamed am Ende, hat also als Ziel nur das, was äußerlich erscheinen kann.

Das Herz soll sich um das Ewige kümmern, es soll beschnitten sein. Das Wort »Beschneidung« für »mila«

ist verwirrend. Man denkt dann nur an die fleischliche Beschneidung, und versteht dann kaum noch, daß das Innere der Botschaft gesucht und gefunden werden könnte.

Es gibt viele Ausdrücke, die das Herz betreffen. Und immer sollte man sich dann vergegenwärtigen, daß das Herz im Körper zugleich das Herz in der Welt ist, das Herz im Leib. Es sind nicht zwei verschiedene Herzen. Es ist nur die Verschiedenheit der Aspekte. Das Herz im Körper ist lebenspendend für unsere Erscheinung in der Zeit. Aber dasselbe Herz ist im Leib anwesend, und der lebt in der Welt der Ewigkeit. Und dort sind die Momente wichtig, die ich im Zusammenhang mit der Durchblutung, dem Kreislauf andeutete. Das Pulsieren des Herzens kommt vom Kreislauf, der hinausgehen läßt und auf die Rückkehr wartet. Und das erlebt der Mensch in der Zeit in allen Begegnungen, in seinem Kontakt mit allen Medien, mit Büchern, Zeitungen, im Büro, in der Bahn, beim Essen. Das geschieht von selber, der Mensch kann es nicht beeinflussen, er ist eben, der er ist. Wie Gott von sich sagt: Ich bin, der ich bin. Deshalb heißt es vom Menschen: »in seinem Bild und Gleichnis«.

Lunge und Atem

Herz und Lunge hängen im Körper nahe zusammen. Durch den Sauerstoff, heißt es, wird das Blut erfrischt. Den Sauerstoff atmet man mit der Luft ein. Und man atmet das Kohlendioxyd aus. So besteht zwischen dem Atem und dem Blutkreislauf ein Zusammenhang. Auf einen Atemzug kommen im Durchschnitt vier Herzschläge. Der Rhythmus von 1:4 ist schon im Wort der Bibel entscheidend*. So erscheint er auch im Funktionieren des Körpers.

Wie wir im Blut, »dam«, das »Gleichen« erkennen, wollen wir vom Atem auch einiges von der Leibseite her erfahren. Atem ist hebräisch »neschem«; und das Wort für das Wichtigste der Seele des Menschen heißt »neschama«, eindeutig von »neschem«, Atem, abgeleitet. Und obwohl alles in der Welt atmet, wird doch nur vom Menschen erzählt, Gott habe ihm »nischmath chajim«, lebendigen Atem oder Atem des Lebens durch die Nase, »af«, eingeblasen. Bei allem anderen Leben ist nur von einer »nefesch chaja«, einer Seele, die lebt, die Rede.

Der Unterschied zwischen der »neschama« und allem anderen wird in der Tatsache gesehen, daß der Mensch mit Gottes Atem das Wort eingeblasen erhält, das Wort Gottes. Mit dem Wort im Menschen ist Gott im Menschen. Und wenn der Mensch, heißt es, diesen von Gott eingeblasenen Atem wieder ausatmet, kommt der Mensch in Gott hinein.

Wie der Atem Gottes dem Menschen das Wort schenkt, so erhält der Mensch von Gott seine Art, die Welt zu verstehen. Und das Ausatmen ist das Wort, das der Mensch Gott als Antwort im Gespräch mit ihm gibt.

Es ist nicht das Gespräch im Körperlichen, mit Mund, Zunge, Stimme, es ist das Gespräch, das vom

---

* Grundlegendes und ausführlich davon in F. Weinreb, »Schöpfung im Wort. Die Struktur der Bibel in jüdischer Überlieferung«. Thauros Verlag 1987, dann aber auch in »Legende von den beiden Bäumen«, Origo Verlag 1981; gute Übersicht in »Zahl, Zeichen, Wort. Das symbolische Universum der Bibelsprache«, Thauros Verlag 1986.

Leib her ständig in den Stimmungen des Menschen da ist. Stimmung ist ein charakteristischer Begriff im Deutschen und ihm verwandten Sprachen. Die Stimmung, das Gestimmtsein, kann kaum vom Menschen manipuliert werden; sie ist die Summe von allem aus seinem Leben, aus seinem Leben mit seinem Leib. Daß dieses sich auch in der Sprache und im Sprechen des Menschen äußert, zeigt nur, daß der Mensch durch sein »Fleisch« die Botschaft besitzt und daß sein ganzes Leben, auch sein zeitliches auf Erden, dadurch gelenkt wird.

So heißt die »neschama« im allgemeinen Verständnis nicht Atem, wie es sprachlich auch stimmen würde, sondern die »neschama« wird als die »göttliche Seele« im Menschen erkannt. Sie ist deshalb, weil sie von Gott dem Menschen eingeatmet wird, wie Gott dem Gesetz, dem erscheinenden Naturgesetz, nicht unterworfen. Die »neschama« ist frei. Sie trägt vor Gott deshalb Verantwortung. Das Wort hat deshalb die Dualität: Es kann gut oder böse sein, kann Liebe annehmen oder ablehnen. Mit und durch das Wort kann der Mensch glauben oder nicht. Und das kann sich jeden Moment ändern. Wie das Wort, sogar das geschriebene, auch eine unendliche Vielfalt enthält.

Durch die Art, durch das »min« gibt es eine von der Schöpfung stammende Gesetzmäßigkeit. Eine Taube kann keine Rabeneier legen. Es ist das Hinausgehen aus dem Herzen, aus der Mitte, wie »lew« auch übersetzt wird. Und die Arten unterscheiden sich im Äußeren. Wie der Mensch und jedes andere Geschöpf die unendliche Vielfalt in Zellen, Teilchen, den Organen und ihren Funktionen hat. Manchmal sieht es in der Zeit und im

Raum, also in dieser Welt, sehr willkürlich, böse und nach Unrecht aus, weil im Körperlichen, Konkreten nur das Erscheinende erkannt wird. Deshalb die Frage nach dem Willen zur Rückkehr; wie das hinausgehende Blut wieder zurückkommt, wie dem Ausatmen ein Einatmen folgen muß.

Die Arten scheinen sich hier bekämpfen zu müssen, zu fressen, das Gesetz vom Überleben des Tauglichsten scheint zu gelten. Man sieht Arten über den Mutterinstinkt und alle anderen Instinkte sich behaupten, und man sieht Arten hier aussterben. Durch das Wort des Namens der ausgestorbenen Arten bleiben sie aber im Leib bestehen, selbst wenn der Mensch hier die Namen im Laufe der Zeit vergessen hätte.

Das Bild der neuen, kommenden Welt erzählt vom Frieden unter den Arten. Dann erkennt man im Leib den Zusammenhang, die Einheit von allem, was sich sonst auszuschließen scheint.

Man kennt das Bild eines sich ausdehnenden und zusammenziehenden Weltalls. Es scheint in der Vorstellung auch zu atmen, wie ein das Blut aussendendes und dann wieder einsammelndes Herz.

Das Herz braucht das frische, sauerstoffreiche Blut. Es heißt im Hebräischen »chamzan«, verwandt mit dem Wort »chamez«, Sauerteig. Denn dieser hat das Aufblähende, wie man sich beim Einatmen aufbläht. Und das Ausatmen, das die Kohlensäure hinausbläst, heißt »das Gesäuerte schwarzmachen«, es verschwinden lassen.

Mit dem »min«, dem Geschlechtlichen, wird die Art geschützt. Es kommen Kinder, weitere Geschlechter. Das ist »gut« und doch unverständlich. Denn damit zeigt sich das Zeitliche in allem Leben.

Man will dann nicht gerne vom Einsammeln hören, vom Ausatmen, vom Zurückkehren des Blutes im Herzen. Man tut, als ob das Körperliche *alles* ist, als ob alles nur weitergeht. Sogar den Tod sieht man als ein Weitergehen an; alles muß sich irgendwie linear fortsetzen. Der Körper, das Körperliche muß ins Unendliche wachsen.

Von einer Rückkehr, einer Umkehr will man nichts hören. Man weigert sich, etwas herzugeben. Denn alles soll doch bis ins Riesenhafte gehortet werden. Dies kann sich im Geiz zeigen, den gerade alte Menschen auf einmal entwickeln. Sie wollen eigentlich ihr Leben nicht hingeben; sie wollen es unendlich weit, ins Immense wachsen lassen. Wie unrealistisch und langweilig das sonst auch erscheinen mag.

Statt dessen aber kehrt alles zurück, jeder Moment. So wird er neu belebt, frisch kommt alles zurück. So zeigt es sich im Körper, so ist es im Leib, im Leben.

Das Leben, »chajim«, drückt sich deshalb als Dualität im Wort aus. Es ist eben das Einatmen *und* das Ausatmen, das Wachsen und das Verwesen. Aus der Erde genommen, zur Erde zurückgekehrt. Und Erde heißt »adama«, eigentlich die weibliche Form von »adam«. Man spricht doch auch von der Mutter Erde.

So besteht unser Leben aus dem Körperlichen *und* aus dem Leiblichen. Gerade der Mensch trägt dann die Verantwortung vor Gott durch die Freiheit, durch die freie Wahl, die er im Wort hat. Und dieses Wort hängt mit der »neschama« zusammen.

Die »neschama«, von Gott kommend, ist das spezifisch Menschliche, das Göttliche im Menschen. Und das eben ist das Wort, das ist die Sprache. Und dazu gehört unsere Vernunft, unser kausales und unser logisches Denken, unsere Vorstellungsgabe, unsere Wünsche, unser Hoffen und unsere Träume.

Der Instinkt, der das »min«, die Arten behauptet, funktioniert ohne Sprache. Man hat so die instinktive Liebe, die Triebe, vor allem auch den Geschlechtstrieb, den »jezer ha-min«. Die Liebe des Menschen aber, erst einmal zu Gott, hat mit dem Wort zu tun, mit der »neschama«. Und so kann der Mensch, und *nur* der Mensch, dann auch ohne Instinkt seinen Nächsten lieben, seine Frau, seinen Mann. Er kann lieben, ohne daß dabei die Art Nutzen erfährt. Er kann »umsonst« lieben; gratis, aus Gnade, aus der »gratia«. Im Hebräischen heißt umsonst »be-chinnam«; das bedeutet wörtlich »aus Gnade«. Also nicht über das Gesetz, nicht, daß damit etwas erreicht wird. Das wäre Liebe im Sinne des »min«, des Geschlechtlichen.

Mit der »neschama« kann man also um des anderen willen, um der Welt willen, um des Himmels willen lieben. Aber die »neschama« ist frei. Sie ist frei, genauso zu sündigen wie der Böse selber.

Deshalb heißt die Nase, durch die Gott seinen Atem, seinen »neschem« einbläst, im Hebräischen »af«. Und dieses Wort bedeutet auch Zorn. Denn der Freiheit, die Gott mit seinem Wort, mit der Sprache, dem Menschen gibt, ist auch die Enttäuschung als Realität mit einbeschlossen. Und diese kann den Zorn entbrennen lassen. Überhaupt hat das Wort »af« mehrere Bedeutungen. Und alle weisen auf diese Freiheit hin. Denn es ist ein gewaltiges Risiko, ein unerhörtes Abenteuer, diese Freiheit dem Menschen zu schenken.

Er kann doch im Garten Eden zwischen *beiden* Bäumen wählen. Und prompt wählt er den Baum, von dem Gott ihm abriet.

Das Wort »af« ist deshalb auch das Wort für »auch«. Nicht *nur* Instinkt, nicht *nur* das Gesetz, sondern *auch* die neschama, *auch* das Wort, *auch* die Freiheit. Und mit anderen Worten zusammen heißt »af« auch »dennoch, trotzdem, obgleich«; »afi« bedeutet »Charakter«.

Der Leib erlebt also das Organ Nase mehrdimensional. Denn in der konkreten Nase ist die Vielfalt der leiblichen Nase verkörpert. Das Wort führt vom Leib die Botschaft ins Fleisch hinein.

Die Lunge, die den Atem und auch die »neschama« aufnimmt, heißt »rea«. Jeder, dem das Hebräische geläufig ist, erkennt bei diesem Begriff den Zusammenhang mit dem Wort »ro-e«, »sehen«, das lediglich anders ausgesprochen wird. Das Hebräische hat aber die Merkwürdigkeit, daß die Vokale nicht geschrieben werden. Sie kommen aus dem Zusammenhang der Worte in einem Satz schon meistens hervor. Die Schrift besteht nur aus den Konsonanten, den Mitlauten. Die Vokale bleiben dem Leser und Sprecher überlassen, der schon die richtigen benutzen wird.

Dies ist nun nicht ein Zeichen von Armut oder Primitivität auf dem Weg der Entwicklung. Es handelt sich hier vielmehr um ein Prinzip, denn die Konsonanten sind, mit einigen Ausnahmen, das feste Gefüge von allem Erscheinenden. Sie stellen das Körperliche dar.

Die Vokale aber zeigen die Freiheit des Geistes. Geist, hebräisch »ruach«, bedeutet die Beziehung zwischen der »neschama« und der »nefesch«. Der Geist ist deshalb frei. Sehnt sich die »nefesch« – nennen wir sie die Leibseele oder den Ur-Leib – nach dem Wort, nach dem Göttlichen, dann ist der Geist ein anderer, als wenn sich die »nefesch« nach Befriedigung des Triebhaften sehnt, nach dem »min«, nach dem nützlichen Geschlechtlichen. Deshalb unterscheidet man beim Geist schon im Sprachgebrauch den guten und den bösen Geist. Der eine äußert sich in Besessenheit, Rausch, Verfallensein; man spricht dann von Dämonen. Beim anderen sind es die Engel, der »heilige Geist«, von dem man spricht.

So bedeutet das Wort »ruach« nicht nur Geist, sondern genauso Wind oder Windrichtung. Wie der Wind einmal in der, ein anderes Mal in anderer Richtung weht, so ist auch der Geist frei.

Und die Vokale sind diesen Richtungen, diesen Ausrichtungen verbunden. Man kann ein Wort so oder so aussprechen: als »re-a«, Lunge, zum Beispiel, oder als »ro-e«, sehen. Geschrieben wird es in beiden Fällen mit den Zeichen Resch-Aleph-He, also in Proportionen als 200-1-5. Dies deutet jedenfalls auf eine sehr nahe Verwandtschaft hin.

Für »Lunge« kann man also auch »sehen« lesen. Einem Philologen wird das wenig sagen, wenn nicht gar unsinnig scheinen. Wie sollte ein Mensch mit der Lunge sehen können? Dennoch müßte auch dieser Fachmann stutzen, wenn er entdeckt, daß das Wort für Brust, »chase«, auch das Schauen, vor allem auch das visionäre Schauen, heißt, »chose«, gleich geschrieben in den Konsonanten, nur anders vokalisiert; in beiden Fällen sind es die Buchstaben Cheth-Sajin-He, also 8-7-5.

Das Buch Jesaja beginnt mit diesem Wort für Schau: »chason Jeschajahu«. Schaut man mit der Brust? Dennoch heißt ein Prophet auch ein »chose«, ein »Schauer«.

Also, was »schaut« die Lunge? Die Lunge im Leib des Menschen, im Leib der Welt, im Leib des Lebens schaut. Deshalb wird »Lunge« wie »sehen« geschrieben. Nur das Körperliche unterliegt dem Zwang zur Beschränkung und Spezifikation. Und körperlich bleibt es Unsinn, daß eine Lunge sieht. Aber hier haben wir nun einen Fall, bei dem man den Ort und die Funktion der Lunge im Leib verstehen kann. Und daraus könnte das Verständnis für die Lunge im Körper nur wachsen, jedenfalls viel klarer werden.

Unser Atmen steht natürlich in einem Zusammenhang mit der Mitteilung in der Bibel, daß Gott dem Menschen bei der Erschaffung seinen, Gottes Atem, in die Nase, in die »af« eingeblasen hat. Jedes Atmen steht zu diesem Atmen des Leibes des Menschen in Beziehung. Der Mensch *muß* hier atmen; der Körper kann ohne Atmen nicht leben; »bis zum letzten Atemzug«, sagt man.

Was aber geschieht beim Atmen? Der Körper nimmt die Luft der Umwelt in sich hinein. Der benötigte Sauerstoff ist etwa ein Fünftel der Luft. Schon ein merkwürdiges Verhältnis. Der Mensch braucht zum Leben die Eins aus der Fünf. Im Wort der Bibel zählt der »Baum des Lebens« *genau* Eins zur Vier vom »Baum des Wissens«. Die vier Teile der Luft ließen den Menschen sterben, wenn nicht dieser eine Teil Sauerstoff da wäre. Der »Baum des Wissens« bringt dem Menschen doch auch seine Sterblichkeit. Den Körper *weiß* man, er ist wissenschaftlich feststellbar. Den Leib weiß man aus anderer Quelle. Er ist in der Mitte zwischen dem Selbst, dem

»ezem«, und der Welt. Die Welt umhüllt das Selbst. Der Leib wird uns klar aus unseren Gefühlen des Seins.

Der Atem, »neschem«, wird hebräisch auch wie »laßt uns Namen geben« gelesen. Das Zeichen Nun, n also, hat grammatisch die Bedeutung der ersten Person Mehrzahl. Wenn Gott den Menschen erschaffen will, sagt er »na-asse adam«, laßt uns einen Menschen machen. Das sagt er, wie es heißt, zur ganzen bisherigen Schöpfung. Denn der Sinn der Schöpfung ist doch, daß der Gott-gleiche, der »adam« in dieser Welt erscheint: diese Zweiheit, die damit den Sinn der Einheit zeigt. Die ursprüngliche Einheit teilt sich in Zwei, damit die Freude, das Glück der Einswerdung von der ganzen Schöpfung erlebt werden kann.

Und »schem« (bei dieser Leseart von »neschem«) bedeutet Name, aber im Sinne der Potenz, *alles* benennen zu können. Jede Sprache benennt auf ihre Weise alles aus der Welt, alles aus dem Denken, Träumen, Hoffen, Lieben. So nennt man im Judentum Gott einfach »ha-schem«, »den Namen«. Denn Gott enthält *alles* in jeder nur möglichen Hinsicht.

Beim Atmen sagen wir, natürlich unbewußt, »laßt uns Namen geben«, laßt uns benennen. Denn wir atmen die uns umhüllende Welt ein. Und im Benennen der Dinge ist der Sauerstoff, das eine Fünftel, die Quintessenz entscheidend.

Der Leib atmet die Welt ein, atmet Gott ein. Denn Gott erschafft aus sich die Welt. Und das Wort ist Gott. Das Benennen, das Namengeben ist die Freude, Gott in uns zu haben. Wie also atmen wir? Was löst die Welt in uns aus? Wir denken durch die Welt an uns, an andere, an Luft, Berge, Wasser, an Tiere, an Leben, an Tod, an

Unrecht, an Freude, an Glück, an Zeitlichkeit und Ewigkeit. Wir benennen, ohne uns dessen bewußt zu sein, beim Atmen alles in der Welt. Dieses Benennen bildet unser Leben; wir finden daraus den Sinn der Dinge, der Eltern, der Geschwister, der Sippe, der Stadt, des Landes, der Welt, der Religionen, der Wissenschaften, der Kulturen, der Bücher, der Zeitungen, der Schulen. Alles aus der Welt kommt in uns hinein. So entsteht, was man eine Weltanschauung, eine Weltsicht nennt, ein religiöses Gefühl oder der sogenannte Atheismus; man ist liberal, tolerant, fundamentalistisch, verrückt oder weise. Und das kann sich alles auch ändern.

Beim heutigen Problem der Luftverschmutzung meint man die Luft für den Körper. Parallel dazu könnte man auch von einer Luftverschmutzung beim Geist sprechen. Vielleicht hat die Wissenschaft mit der aus ihr hervorgekommenen Technik eine Welt geschaffen, die uns zu ersticken droht. Nicht nur den Körper, sondern parallel dazu den Leib. Vielleicht, sage ich. »Man« hört es jedenfalls öfters. Vielleicht zieht der Leib, das Leben in eine andere Welt, in eine neue.

Mit dem Atmen kommt also eine Sicht auf das Leben um uns herum. So erlebt der Leib das Atmen. Und durch die Lungen wird der Sauerstoff aus der Luft ins Blut gebracht, das dem Herzen dann die Möglichkeit bietet, neu den ganzen Körper bis in seine äußersten Teile neu zu besuchen. Und die Erfahrungen des Blutes nach all diesen Besuchen werden ebenfalls durch die Lungen, durch das Ausatmen in die Welt zurückgebracht.

So wird auch, wie wir sehen werden, der Kreislauf der Speisen ausgeschieden. Wozu? Hat das Böse ebenfalls einen Sinn? Für uns ist es Gestank, ungesund. Die Welt aber braucht es. Wir begegnen hier einem Geheimnis des Lebens. Es zeigt, daß es gebraucht wird, und wenn es nur unsere Ablehnung braucht. Verwesung duftet auch nicht gut. Der Leib verwest nicht. Im Prinzip verwesen Knochen, »ezem«, ebenfalls nicht. Das Selbst kennt keine Verwesung. Das Ausatmen und die Ausscheidung gehören zum Geheimnis des Weges. Der Körper verwest dabei, der Leib nicht. Worte und Gedanken verwesen ebenfalls nicht. Sie bleiben, auch wenn sie für lange Zeit vergessen werden.

Wir sehen jetzt, wie das Herz, die Mitte, die Lunge, »re-a«, das Sehen braucht. Ohne Atem schlägt das Herz nicht. Ohne Sicht der Welt kann das Herz das Blut nicht überallhin schicken. Und die eigene Welt braucht die Umwelt. Aus ihr zieht sie den Sauerstoff, »chamzon«, ein, ihr gibt sie das Vergangene, das Kohlendioxyd zurück.

Das Herz mit zwei Seiten und vier Kammern. Die Lungen, zwei, die über das Atmen, die »neschama«, den Atem Gottes in das Leben und damit zum Leben bringen. Das Herz, aus der Mitte heraus, den Körper bedienend, das Leben, das durch den Leib die ganze Welt ist. Die Lungen, in einer Einheit mit dem Herzen, verborgen in der Brust, die selbst auch den Begriff des Schauens trägt, des visionären Schauens; »chase« und »chose«, Brust und Schauen, beide geschrieben Cheth-Sajin-He, 8-7-5.

Der Atem, der »neschem«, bringt die Welt in den Menschen hinein, die Welt in jeder Hinsicht. Dadurch funktioniert das Herz, die Mitte. Das Herz, »leb«, führt den Menschen zum Erlebnis der Zweiheit: Die Lamed, das l, führt zur Beth, dem b. Das frische, neugeborene Blut erreicht alle Orte des Lebens; das alte, erfahrene Blut verläßt mit dem Atem wieder den Menschen.

Was uns die Welt aus der Zeit, aus dem Raum schenkt, läßt uns selber bis in jede Faser leben und erleben. Der eine erfährt Geschichte, der andere Sport, der dritte Krieg. Man liest Bücher, spricht mit Menschen. All das ist dann aber auch die »neschama«, Gottes Atem im Menschen. Und der Mensch ist dem gegenüber in seiner Freiheit entscheidend. Was tut er mit alledem? Hat er eine Beziehung, wählt er, holt er von allem die Quintessenz heraus? *Das* ist seine Freiheit. Dadurch kann es sich ergeben, daß er zu lieben vermag. Er liebt dann von selber, kann dann kaum anders. Oder er haßt, oder es führt ihn zum Studieren, voller Ehrgeiz oder aus einem Müssen. Dies alles ist die Konfrontation zwischen Atem und Blut, zwischen der göttlichen Seele und dem Gott-gleichen des Menschen.

Noch viele Gedanken könnte man auf diese beiden für das Leben entscheidenden Organe, Lunge und Herz, Atem und Blutkreislauf, bauen. Und viel ist darüber wohl schon nachgedacht worden. Vielleicht nur unbewußt; dennoch entscheidend für unser Selbst, für unsere verborgene Lebensgeschichte, die, weil nicht von uns verfälscht, die echte ist. Dort kennt uns Gott. Und dann können wir ruhig sein.

Gesicht, Sehen und Einsicht

Wir haben bei Herz und Lunge die Nase einbeziehen können, da nach den Worten der Bibel Gott dem Menschen die »neschama« durch die Nase einhaucht. Deshalb ist vom Leib her auch die körperliche Nase entscheidend für das Angesicht des Menschen. Hebräisch heißt das Gesicht »panim«; es ist das gleiche Wort wie »penim«, Inneres. Beide Worte werden Peh-Nun-Jod-Mem, 80-50-10-40, geschrieben.

Zeigt sich im Gesicht das Innere? Und erzählt das Gesicht vom Inneren? Man kann beim Körperlichen manchmal auf solche Gedanken kommen. Das Gesicht kann man aber auch lügen lassen, man kann es verhüllen.

Wenden wir uns also noch etwas dem Gesicht zu. Die Augen sagen uns viel. Durch die Augen nehmen wir wahr. Eine Beziehung zum Sehen hatten wir schon im hebräischen Namen der Lunge gefunden. Wie verhält es sich nun mit dem Sehen beim Auge? Mit dem Sehen, »ro-e«, 200-1-5, fassen wir vieles zusammen, es entsteht ein Bild, das die Zusammenhänge zeigt.

»Ro-e«, gleich ausgesprochen, aber anders geschrieben, nämlich 200-70-5, ist das Wort für Hirte. Der Unterschied liegt im mittleren Buchstaben; beim Sehen steht dort eine Aleph, eine Eins, beim Hirten aber eine Ajin, eine Siebzig. Vom Griechischen sind diese beiden Zeichen als Alpha und Omega bekannt. Ausgesprochen klingen sie nahezu gleich, im allgemeinen ist der Unterschied nicht zu hören. Beide sind Konsonanten, gehören also zum Körper, aber beide verlauten, wenn überhaupt, nur als Vokale. Da kommt also die »nefesch« in den Körper hinein, oder, der Körper ist auf dem Gebiet der »nefesch«. Die Aleph aber ist der Begriff der Einheit, die Ajin der Begriff der Vielheit. Im Bereich des Leibes bedeutet Vielheit die Siebzig. Deshalb spricht man von den

70 Völkern, den 70 Sprachen, den 70 Weisen, den 70 Weisheiten.

Man merkt im Sprechen den Unterschied nicht; dennoch ist er ein prinzipieller. Es geht um Alpha oder Omega. Der Hirte hat seine Herde, viele Tiere, viele Wesen. Er muß sie zusammenhalten. Der Hund kann ihm dabei behilflich sein. Der Hund ist im alten Wissen – wir könnten es hier Wissen des Leibes nennen – die Logik. Sie ist imstande, aus einer Vielheit Gruppen zu bilden, bis daß es zur Einheit käme. Vom Hirten wird erwartet, daß er eine Einheit zusammenhält, daß er darum bemüht ist.

Deshalb hat der Mensch oft auch Freude am Hund. Es ist schön, eine Einheit zu beschützen, zu erhalten, wenn es dabei nicht nur um eine Herde geht, sondern um das Zusammenfügen der Vielheit unseres Lebens. Und es ist schön, dabei die Treue zu erleben, die Anhänglichkeit der Logik.

Im Sehen aber ist die Einheit von selber da. Da braucht es keinen Hirten, das Auge sorgt schon dafür. Deshalb hat das Sehen die Aleph, die Eins, als Zeichen.

Das Auge selbst heißt im Hebräischen aber Ajin, eben jene Siebzig. Das Wort »ajin« heißt aber nicht nur Auge, sondern auch Quelle, Brunnen. Wieder sehen wir, wie die Sprache das Körperliche benennt und zugleich vom Leib spricht. Denn das Auge als »ajin« ist damit auch Quelle für alles andere. Die Quelle fließt ständig, sie ernährt, die Herde braucht die Quelle, sonst kann sie nicht bestehen. Der Hirte sucht den Brunnen.

Eine Quelle hat tiefe Gründe. Geheimnisvoll fließt aus ihr lebendiges Wasser.

Vom Menschen, vom Adam wird erzählt, er könne in

seinem Sein bei Gott durch alle Zeiten hindurch- und in alle Wirklichkeiten hineinsehen. Er hat also das, was wir Einsicht nennen. Das ist der Zustand seines Leibes. Als er aber von der Frucht vom »Baum des Wissens« nimmt, »öffnen sich seine Augen«, wie es dort an jener Stelle heißt. Aber damit verliert er die Sicht durch die Welten, durch alle Zeiten. Für diese Sicht ist er dann blind.

Er schämt sich seiner Nacktheit. Denn jetzt bemerkt er, daß er nur sein Äußeres sehen kann, daß andere ihn auch so sehen werden. Sein Inneres ist versteckt, ist verborgen. Gott gibt ihm dann das Fell von Tieren. Seine Haut heißt dann einfach Fell. Er erscheint jetzt nur in den Dimensionen des Äußeren. Das Innere ist nicht sichtbar.

Nun hat die Sprache, das Wort die Merkwürdigkeit, daß das hebräische Wort für Haut, für Fell, von demjenigen also, das das Innere verbirgt, vollkommen gleich geschrieben wird wie das Wort für »blind«. Gleich geschrieben, aber verschieden ausgesprochen. Haut, Fell ist »or«, Ajin-Waw-Resch; und blind ist »iwer«, Ajin-Waw-Resch, beide Male 70-6-200.

Der Mensch ist mit dem Nehmen der Frucht vom Wachsen des Wissens körperlich blind geworden. Er sieht mit seinen Augen dann nur noch das Äußere. Der Mensch im Leib sieht aber alles. Nicht in der Sequenz von Zeit oder Raum, sondern in einer Einheit. Deshalb auch die Unterschiede im Sehen und im Schauen.

Der Leib kann nicht gezielt geändert werden, denn ein Ziel gehört zum Linearen, zum Körper. Man kann den Leib auch nicht studieren, denn Studieren ist ein kausaler Aufbau. Der Leib schenkt die Sicht aus dem Empfinden einer Beziehung, der Liebe, jenseits jeder

Kausalität, als Gnade. Damit zeigt der Leib, daß er auch all das besitzt, was der Körper kennt. Der Mensch verlor die Sicht auf Vergangenheit und Zukunft als Gegenwartserlebnis.

Das Auge ist im Leib also die Quelle. Durch das Auge entsteht unsere Wirklichkeit. Wir sehen, und damit baut sich unser Weltbild.

Aber Bilder-machen mag der Leib nicht. Denn ein Bild bindet, ein Bild fixiert, hält gefangen. Das Wort ist frei; es kann sich von Moment zu Moment ändern, es kann schweigen, es kann schreien, es kann singen.

Der Körper aber hat Bilder. Obwohl er spüren kann, daß sie nur im Zeitlichen so erscheinen, obwohl er weiß, daß sie nur Schattenbilder sind vom Leben des Leibes, vom Leben der »nefesch«, jener Leib-Seele.

Wie das körperliche Auge Quelle ist für alles, was erscheint, so ist das leibliche Auge Quelle des Schauens, Quelle aller Einsicht. Im Leib gibt es nicht die Grenzen von Zeit und Raum. Der Leib schenkt aus der Totalität des Seins. Man spricht doch auch vom Auge Gottes. Es sieht in ganz anderem Sinn, als wir uns überhaupt vorstellen könnten. Gewiß ist auch unsere Art Sehen darin enthalten, aber noch unermeßlich viel mehr als das.

Der Körper *kann* Gott nicht sehen und leben bleiben. Andere Augen sind es, die uns Gott als Quelle von allem in der Welt empfinden lassen. Dann sieht man auch in dieser Welt nicht mehr so schwerfällig, die Welt wird leichter, durchschaubarer.

Ohr und Stimme

Eine Stimme kann man nicht sehen, nur hören, nur vernehmen. Aber wie Auge und Sehen so sind auch Ohr und Hören nicht auf das Körperliche beschränkt. Es gibt das Ohr des Körpers und das Ohr des Leibes. Das Wort Ohr, »osen«, ist in beiden Fällen das gleiche. Welche Gedanken und Gefühle ruft dieses Wort hervor?

Da fällt mir als erstes ein, daß das Ohr mit unserem aufrechten Gang und Stand zu tun hat, mit unserem Gleichgewicht. Man kennt das Schneckenhaus im Ohr, die Spirale.

Dies mag ein Hinweis darauf sein, daß durch das Hören der Mensch aufrecht leben kann, Himmel und Erde verbindend. In der Tierwelt scheint das, abgesehen von gewissen Momenten, nicht möglich zu sein.

Der Mensch hört Worte, hört die Sprache; hat neben der »nefesch« die »neschama«. Der Geist, der »ruach«, gibt der »nefesch« das Wort, die Sprache. Es geht beim Menschen um das Ohr im Leib.

Hören kommt im Hebräischen auch vom Wort für Ohr, »osen«. Ein weiteres Wort für hören ist »schomea«. Daß unser körperliches Ohr derart kompliziert erscheint und innerlich gebaut ist, läßt schon vermuten, daß das Ohr im Leib sehr viel bedeutet. Kann man doch dadurch die Worte hören, Gott aus den Worten erkennen und verstehen. Überhaupt ist das Hören entscheidend. Es heißt doch: »Ihr habt kein Bild gesehen, ihr habt eine Stimme gehört.« (5. Mose 4,12). Und ein entscheidender Ausspruch ist das »Höre Israel, der Herr dein Gott, der Herr ist Einer.« (5. Mose 6,4).

Es scheint die Einsicht vom Hören zu kommen, vom

Vernehmen der Worte, des Wortes. Weil unser Hören mehr dem Leib verwandt ist als unser körperliches Sehen.

So spricht man auch von der Stimme im Sinne einer Stimmung oder Verstimmung. Und Stimmungen kommen uns nicht nur vom auditiven Hören. Eine Stimmung kann beim Betrachten der Natur, eines Hauses, eines Menschen in uns aufsteigen, sogar auch nur vom bloßen Denken. Eine Stimmung kann vom Schweigen herrühren.

Es ist im Deutschen auch oft vom Betäuben die Rede, ohne daß dabei das Ohr taub sein müßte. Man kann sich mit Worten betäuben, mit Gedanken, aber auch mit Alkohol oder Drogen. Dieses Taubsein kommt vom Leib her. Mit dem körperlichen Ohr mag man sogar sehr gut hören können. Wie es Leute gibt, die schon gut hören, aber gar nichts verstehen. Manchmal sind sie von der Wissenschaft, manchmal von einer Theorie, manchmal durch eine Sekte oder irgendeine Besessenheit betäubt, taub geworden.

Das Wort hören. Es muß im Innern gleichsam die Wellenlänge da sein, um es zu empfangen und dann auch richtig zu hören. Daß man dann vom Gehörten vielleicht ein neuer, ein anderer Mensch geworden ist.

Denn das Wort »osen« er-zählt im Hebräischen auch das Wort »Gnade«. Kann man die Worte so hören, daß sie sich im Hörenden auch öffnen?

»Osen« schreibt man Aleph-Sajin-Nun, 1-7-50; und Gnade, »chen«, Cheth-Nun, 8-50. Das Ohr ist ein Instrument der Gnade. Das Ohr könnte das Wort verstehen. Aber genauso liegt das Nichtverstehen in des Menschen Freiheit, denn eben durch diese Freiheit ist der

Mensch für die ganze Schöpfung entscheidend. Dann ist er zu für die Gnade, verschlossen.

Was hört also das Ohr? Das Ohr im Körper hört Laute. Das Ohr im Leib hört Stimmen. Hier kommt uns die deutsche Sprache zu Hilfe, die in Begriffen wie Stimmung und Verstimmung das Unbestimmte, hier nicht Festzulegende des Leiblichen zu Wort kommen läßt. Denn jede Sprache, jedes Wort stammt aus dem Tiefsten des Menschen, aus seiner »neschama«, seiner von Gott geschenkten Einmaligkeit. Die hebräische Sprache, wie wir sie kennen, hat gewisse Merkmale vom menschlichen Ursprung; die deutsche Sprache hat andere, das Chinesische wieder andere, und so jede Sprache. Keine Sprache kann einen Anspruch auf »mehr« erheben. Jede Sprache hat, wie jeder einzelne Körper, viele Besonderheiten. Gemeinsam könnten sie das Bild des Menschen bilden. Wer aber ist imstande, die Summe aller Teilchen, das Ganze, zu überblicken? Nur mit dem Ohr des Leibes vermag man jede Sprache von der Wurzel her zu erkennen. Das wäre dann ein Pfingsterlebnis.

Das Ohr hört die Stimme und wird so »gestimmt«; das ist seine »Bestimmung«. Das hebräische Wort für Stimme ist »kol«; damit ist tatsächlich auch der Laut gemeint. Eine »Stimmung« aber ist im Hebräischen eher und besser mit dem Wort für Geist, also »ruach«, wiederzugeben, dem also, was die »neschama« mit der »nefesch« verbindet. Was von Gott kommt, das Wort, wird vom Geist, »ruach«, dem Leib, der »nefesch«, gebracht. Und *das* ist dann die Stimmung, auch »mazaw ruach« genannt; »mazaw« bedeutet den Stand, den Standort, die Lage, hier also des Geistes. Oder »halach ruach«, das Gehen des Geistes.

So zeigt das Hebräische die Seite des Geistes bei der Stimmung auf, während das Deutsche die Stimme schon eher als Stimme im Leib meint, als Stimmung in der »nefesch«, also in der Leib-Seele.

Nun bedeutet das Wort »ruach« nicht nur Geist (oder Wind), sondern wird genauso für »Erkenntnis«, für »Seele« benutzt; aber auch für »Neigung«, »Lust«, »Gemüt«. Eben all das, was die »neschama« von Gott her in die »nefesch« hinein vermittelt. Und dabei herrscht immer das Prinzip der Freiheit, das vom Menschen zu Entscheidende. Er kann verstimmt sein, wenn er gerade das Schönste und Höchste hört. Der »ruach« ist dann ein böser, ein dämonischer. Er kann von einer banalen Begebenheit zur höchsten Stimmung gelangen. Er versteht vielleicht im Kleinsten das Größte. Das ist nie vorhersehbar, und niemals kann er sich absichtlich hineinversetzen. Denn das wäre dann gar nicht er selbst, das wäre nur ein Herrschen des Körperlichen.

Stimmung also erzählt von der Stimme im Leiblichen; und »ruach« meint: Stimmung ist Geist, ist der Weg des Geistes, der die »neschama« mit der »nefesch« verbindet, der aber auch von der »nefesch« der »neschama« berichtet. Die Stimmung ist also wie der Wind. Er kann, ja *muß* oft drehen, sich ändern.

Einmal so, ein anderes Mal anders. »Halach ruach«, so geht es nun einmal im Leben.

Das Wort für Stimme, »kol«, gleich ausgesprochen, nur anders geschrieben, heißt aber auch »alles«. »Kol« als Stimme schreibt sich Kof-Waw-Lamed, 100-6-30, während »kol« als »alles« Kaf-Lamed, 20-30, geschrieben wird. Man hat das natürlich auch schon früher bemerkt und dann gesagt: Das Kof, 100, bei »Stimme« ist fünfmal das Kaf, 20, bei »alles«. Die Stimme hat, wie der Baum des Lebens, *beide* Seiten in sich. Nicht nur ist dann die Vier und die Eins da, sondern bei der Stimme enthält auch der Laut k alle fünf in einem.

Im Hebräischen wird das Wort »kol« mit Kof, das Wort für Stimme also, vielfach im Sinn einer Stimme vom Himmel gebraucht. »Kol kore« etwa meint »das Rufen der Stimme«; »bath kol« bedeutet wörtlich »Tochter der Stimme«, was auf ein Erscheinen hier – möglicherweise im Menschen – einer Stimme aus dem Jenseits hinweist. Eine Stimme, die nicht gehört, also nicht verstanden wird, ist eine »kol kore ba-midbar«: eine Stimme, die in der Wüste ruft. In der Wüste, »midbar«, verhallt die Stimme ungehört, findet keinen Anklang. In diesem Bild wird »kol« als Stimme Gottes im Menschen gesehen.

Ein bekannter Begriff im Hebräischen ist »kol Jakob«, Stimme von Jakob, mit dem gewiß alles andere als nur die körperliche Stimme gemeint ist. Isaak benutzt diesen Ausdruck beim Segen, den er eigentlich irrtümlich schenkt, wenn er sagt: »Die Stimme ist die Stimme von Jakob, die Hände aber sind die Hände von Esau« (1. Mose 27,22). Nur körperlich gesehen, bliebe diese Geschichte mehr als unbefriedigend; vom Leib her aber meint sie, daß das Stimmen, der Geist ewig ist; das Handeln aber körperlich.

Die »Stimme Jakobs« bedeutet: Der Geist kommt aus einer Welt der Alternative, der Zweiheit; das Ewige aber wird dabei über das Zeitliche siegen. Es ist Jakobs Stimmung vom endgültigen Sieg des Ewigen, des Guten also. Obwohl er in seinem Namen die »Alternative« hat, »ekew« oder »ekeb«, wird dennoch, durch die Liebe, das Gute siegen. Durch die Liebe Gottes, woher doch die Stimme, »kol«, überhaupt stammt.

Mund und Sprechen

Von der Stimme kommen wir nun zum Mund des Menschen. Es ist auch vom »Mund Gottes« die Rede; es ist damit aber mehr ein Befehl Gottes gemeint. Der Mund des Leibes erweckt das Gefühl, daß etwas, was gesagt wird, dann auch geschieht. Der Mund des Körpers spricht, was der Mund des Leibes hier sagen möchte.

Die Worte für »sprechen«, »daber« oder »medaber«, und für Rede »midbar«, werden genauso wie »Wüste«, »midbar«, geschrieben, nämlich Mem-Daleth-Beth-Resch, 40-4-2-200. Die Wüste ist der Ort des Redens, des Sprechens. Bevor gesprochen wird, ist man noch in der Gefangenschaft. Das Sprechen ist wie ein Erlösen.

Immer wieder heißt es in der Bibel: Und Gott spricht zu Mose, Gott redet zu Mose. Dieses Sprechen verhallt oft in der Wüste. Jedenfalls ist es erst mit dem Eintritt ins »gelobte Land« zu Ende. Das ganze Leben hier auf Erden kann dann auch als ein Gespräch mit Gott gesehen werden. Ein Teil der Hebräer *bleibt* in der Wüste, bleibt im Gespräch. Das Leben hat dann sein Ziel nicht erreicht. Nur der Teil, der mit Jehoschua (Josua) ins Land kommt, hat den Sinn erfüllt.

»Daber«, sprechen, ist aber auch, nur anders ausgesprochen, »dawar«, ebenso 4-2-200, das Wort für »Sache«, »Wort«, »Ding«, »Angelegenheit«. Überhaupt kommt das Wort »dawar«, ein zentraler Begriff, in vielen Zusammensetzungen vor.

Der Weg durch die Wüste ist der Weg des Sprechens. Man weiß, irgendwann soll er zu einem Ziel führen. Es kann auch beim leeren Gerede bleiben. Es ist die Freiheit des Menschen, wie er hört, wie er reagiert, wie er antwortet. Die Stimme, die spricht, ist alles, was den Geist angeht, was Stimmungen hervorruft. Es sind Begebenheiten, Geschehnisse, Erfahrungen, alles, was auf das Gemüt wirkt, alles, das uns so oder so stimmt oder verstimmt. Deshalb ist »daber« so nah – eigentlich gleich – der »dawar«, der Sache, dem Wort überhaupt.

Nun dauert es, bis die Stimme mit dem Wort durchbrechen kann. Von wo an beginnt das Sprechen? Erst ist es noch *im* Menschen, muß noch geboren werden. In der Kehle dann erfolgt der Durchbruch in den Mund, kommt das Wort zur Sprache.

Kehle heißt hebräisch »garon«, gemeint ist auch der Hals und der Schlund. Geschrieben wird dieses Wort Gimmel-Resch-Waw-Nun. Damit ist es dem Wort »goren«, Gimmel-Resch-Nun, 3-200-50, sehr nahe, eigentlich gleich, weil das Waw in »garon« nur die Funktion eines Vokals hat und in gewissem Sinne nicht mitzählt im Erzählen. Und »goren« bedeutet Tenne, der Ort, wohin das Getreide zum Dreschen kommt. Dort wird der Kern von der Hülle getrennt. Dies geschieht mit den Worten ebenfalls. Dort entstehen die Worte im Ganzen der Sprache, werden sie verständlich, werden sie enthüllt. Erst durch die Kehle können die Worte verständlich werden.

Man kennt aus der Bibel auch den Ort »goren haatad« (1. Mose 50,10). Dorthin kommt der Zug aus Ägypten, wenn Joseph seinen Vater Jakob nach Kanaan begleitet, wo er in Hebron begraben werden soll. Es heißt im Talmud, Traktat Sota 13a, der Ort sei von Dornen umringt. Die Völker von Kanaan und Ismael wollten dort die Söhne Jakobs angreifen. Als sie aber die Krone Josephs am Sarg von Jakob sahen, nahmen sie ihre eigenen Kronen ab und hängten sie ebenfalls dort auf. »Goren« bedeutet auch dort Tenne. Dort also kommt das Wort zum Durchbruch, es wird von den Hüllen befreit. Man wollte es nicht durchlassen, erzählt die Geschichte im Traktat Sota; als man aber Josephs Königtum in Mizrajim, Ägypten, erkannte, kam das Wort durch. Eine andere Version von »kol Jakob«, der »Stimme von Jakob«, ist hier also mitgeteilt.

Bevor man in das Land, in die Welt, zur Erde kommt, spielt sich dieses Geschehen in der Tenne ab. Die Kehle, der Hals ist der Ort, an dem der entscheidende Durchbruch zum artikulierten Sprechen stattfindet. Das Wort, die Stimme selbst, erlebt vom Leib her diesen Weg. Und so bleibt es in uns, im Menschen in seinen vielen Arten, bleibt es jedem auf seine Art.

Dann erreicht das Wort die Zunge, die »laschon«, Lamed-Schin-Nun, 30-300-50, geschrieben. »Laschon« heißt auch Sprache. Der obere Teil der Zunge wird auch »medaber« genannt, »sprechen« also.

Mit den Zeichen des hebräischen Wortes für Zunge, Sprache, gibt die Bibel die Maße für die Arche von Noach an: 300, 50 und 30. Denn »tewa«, das Wort für Arche, bedeutet auch »Wort«. Die Sintflutgeschichte erzählt, daß der Mensch nur durch die »tewa« überlebt. Das Wort bringt uns von Wirklichkeit zu Wirklichkeit. Und dieses Wort, diese »tewa«, hat als Maß das Wort für Zunge, Sprache.

All das geschieht im Mund des Menschen. Mund ist

im Hebräischen »peh«; es ist das gleiche Wort wie der Buchstabenname Peh, der die Zahl Achtzig erzählt.

In der Reihenfolge der Zahlen, im Leben der Zeichen, der Buchstaben, folgt die Peh also direkt auf die Ajin, die Siebzig, das Auge, die Quelle. Denn erst mit dem Sprechen des Wortes wird erfüllt, was das Auge erfährt, was die Sinne erfahren, was aus der Quelle in die Welt kommt.

Gottes Mund spricht die Worte, mit denen die Welt erschaffen wird. Man spricht auch von den zehn Schöpfungsworten. Und so kommen auch aus dem Mund Gottes die zehn Worte am Sinai, der Dekalog.

Das Sprechen des Mundes ist entscheidend. Der Mund, »peh«, bringt das Wort, das doch von Gott ist. Gott spricht, und die Welt ist da. Er schöpft sie aus der Quelle, aus sich selbst. Aus seiner Liebe entsteht das Wort. Und diese Liebe ist die Quelle von allem, ist die »ajin« und ist der »be-er«, der Brunnen. Denn das erste Wort der Bibel, »bereschith«, enthält doch in sich verborgen das Wort Brunnen, »be-er«. »Bereschith« schreibt sich 2-200-1-300-10-400, und »be-er« 2-1-200.

Das Wort erlöst alles, das darauf wartet, alles, das bereit ist, das Geschenk der Freude zu empfangen, alles, das die Gnade einläßt, sich vor ihr nicht verschlossen hält.

So ist der Mund mit dem Wort entscheidend, im Sinne von Gottes Worten, welche die Welt, den Menschen hervorbrachten. Deshalb wird das Wort auch als »Befehl«, als vom Mund Gottes kommend, gesehen.

Dieses Wort geht dann in die Welt hinaus. Man kann es mit dem Blut vergleichen, das das Herz verläßt, um im Leib wie im Körper des Menschen seinen Weg zu erfüllen. Wie auch der Mensch den Atem ausatmet, sein Erlebtes in die Welt hinausschickt.

Das Wort wird dann oft nicht verstanden. Es will nicht verstanden werden im Sinne des Körpers, es will nicht verstanden werden auf die Art, wie es bisher war und gehört wurde. Es will als Neues, als neue Schöpfung verstanden werden. Denn die Schöpfung kann nur aus der Liebe hervorkommen, aus etwas, das sich selbst aufgibt, damit andere dadurch oder überhaupt ohne Ursache Freude erleben.

So wird es uns gleich einleuchten, daß das Wort für gesund, »bri«, Beth-Resch-Jod-Aleph, 2-200-10-1, der gleichen Wurzel entstammt wie das Wort für Schöpfung, »bria«, Beth-Resch-Jod-He, 2-200-10-5. Denn nur das Neue, das endlich entscheidende Wort aus dem Mund Gottes bringt die Heilung, bringt die Gesundheit. Gesundheit, »briuth«, Beth-Resch-Jod-Aleph-Waw-Taw, 2-200-10-1-6-400, ist auf diesen Stamm gebaut. Dieses Neue kann nur aus dem Mund Gottes kommen. Es ist das Wort, das *erscheint*, die Peh, die 80, die nach der 70 kommt, nach dem, was das Auge sehen kann.

Wie die Welt an diesem Neuen gesundet, die neue Schöpfung wird, genauso geht es mit der Gesundung und mit der Gesundheit des Menschen. Was im Körper geschieht, kann er so ungefähr verfolgen. Was im Leib stattfindet, kann er nur der Totalität des Seins überlassen. Das ist die Summe seines *ganzen* Lebens, des bewußten *und* des unbewußten. Man nennt das auch das Vertrauen auf Gott. Denn Glaube und Vertrauen sind im Hebräischen das gleiche Wort, »emuna«. Vom Leib her stammt die Gewißheit, daß Gott, der Schöpfer, der Vater, alles schon in seinen Händen hat. Und daß er uns gewiß nur Gutes schenken will. Wie wir in unserer Umgebung doch auch nur Gutes unseren Kindern, Freunden, Geliebten schenken möchten.

Diese Worte, wenn auch unhörbar, bringen uns die Stimmung des Gesundens, des Geheiltwerdens. Und all dies hängt mit dem immer Kommenden, mit dem achten Tag, mit der Achtzig zusammen, mit dem, was aus dem Mund hervorkommt.

Essen, Geschmack und Hunger

Wie aber verhält es sich mit dem, was in den Mund hineingeht? Der Körper muß essen und trinken, er erwartet, daß er ernährt wird. Und wie ist das dann mit dem Leib?

Auch hier kann das Wort uns antworten. Denn Essen ist im Hebräischen »achol«, Speise ist »ochel«, beide Worte Aleph-Kaf-Lamed geschrieben, 1-20-30. Nun kennen wir das »chol«, 20-30, schon vom Worte »kol«, 20-30, das »alles« bedeutet, das Ganze.

Vom Wort her bedeutet Essen also, etwas »ganz« machen, erfüllen, vollkommen werden lassen. Man könnte es dann so sehen, daß der Essende das von ihm Gegessene dabei *ganz* macht, mit sich und seinem Essen ans Ziel bringt. Es muß sich mit ihm vereinigen.

Die Zahl fünfzig, die doch »kol« ist, eben 20-30, will nicht nur im Wort »das Ganze« sagen; als Zahl erzählt sie auch, daß sie den siebten Tag durchbrochen hat.

Denn eine Zahl heißt hier erfüllt, wenn sie sich selber in jeder Hinsicht begegnet ist, wenn sie sich selbst vollkommen kennt. Die Zwei etwa ist in der Vier erfüllt, denn die Zwei ist der Zwei begegnet. Wir nennen das Quadratieren.

So ist die Sieben in der Neunundvierzig erfüllt. Die Fünfzig gehört zur Acht. Deshalb gehört »kol«, das Ganze, schon zum Achten.

Beim Essen also erfüllt man die Speise. Dies wäre, vom Leib her gesehen, ein Sinn des Essens. Der Körper *muß* es vom Leib her schon tun. Der Körper macht einfach mit, was ihm vom Selbst her bestimmt ist. Und es schmeckt dem Körper und er verlangt, sehnt sich nach Speise.

Dieses, daß es ihm schmeckt und er verlangt, kommt, weil der Leib den Sinn erfüllt. Und der Leib *ist* der Körper; nur ist er dem Fluß der Zeit, dem Vergehen, dem Verwesen enthoben.

Ich sprach vom Geschmack. Hebräisch ist das »taam«, ein Wort, das auch Ton, Akzent bedeutet. Durch den »ta-am« erhält das Ganze erst einen Sinn, eine Melodie. Das Vervollkommnen im Leib bringt den Sinn des Ganzen hervor, den Sinn auch der Teile, die zusammen mit den gegessenen Teilen die Harmonie des Lebens bilden. Dann ist die Melodie da, das Lied des Lebens. Dann spricht der Mund die Worte, Worte der Erlösung, der Erfüllung.

Der Trieb zum Essen im Körper hat mit dem Hunger im Leib zu tun. Dort ist es die Sehnsucht nach dem Lebenssinn, nach dem Wort, nach der Erlösung. Und die Speise ist dort eben das Wort, das Wort, das vom Himmel kommt.

So wird in der Bibel auch oft von Hunger und Hungersnot gesprochen, von »ra-aw«. Der Himmel, heißt es dann, sei von Erz, von Kupfer, hart; es kommt vom

Himmel kein Regen; die Erde vertrocknet, es gibt keinen Ertrag, keine Ernte.

Es meint natürlich nicht nur den Ertrag für die Landwirtschaft, um den Hunger des Körpers zu stillen. Gewiß kommt das *auch* hinzu. Aber die Menschen würden ohne Hungersnot hier auch sterben. Alles Körperliche unterliegt den Begrenzungen.

Der Leib aber, das Ewige im Menschen und in der Welt, enthält auch den Körper. Die »nefesch«, die Seele, bleibt im Bündel des Lebens gebündelt. Und es hängt vom Menschen ab, es ist seine Freiheit, ob er sich nach dem Sinn des Lebens, der Welt, der Ewigkeit und der Zeitlichkeit sehnt. Ob er nach dem Sinn des Lebens hier fragt, dem Sinn des Todes, von Recht und Unrecht, vom Kranksein, des Klimas und der Landschaften, der Städte, der Gesellschaft. Er kann auch vollkommen gleichgültig sein, nur Lustbefriedigung suchen, Menschen beleidigen und erniedrigen, Blut vergießen. Ein solcher wird dann im Leib verhungern, obwohl er hier vielleicht ein Fresser ist.

Der Körper erhält vom Leib her seine Funktionen. Des Leibes sind wir uns nicht bewußt, des Körpers schon. Aber des Körpers nur im Sinne des Erscheinenden, des Äußeren. Denn unser konkreter Körper hat auch seine Verborgenheiten. Der Leib lebt auch im Konkreten. Sonst könnten wir hier gar nicht existieren.

Wer nun glaubt, der Körper, der sterbliche, sei nicht viel wert, der vergißt ganz, daß der Körper auch der Leib ist, daß es um eine Einheit geht. Ich versuche nur, auf das unglückliche Leben derer hinzuweisen, die nur den Körper kennen. Vielleicht sind sie irgendwie verführt, vielleicht sind sie in einer Phase, in der das Böse sie beherrscht, vielleicht sind sie schrecklich einsam und verlassen. Man *kann* darüber hier nicht urteilen. Man kann diese Menschen nur lieben, das heißt, ihnen das Schönste wünschen und gönnen.

Der Körper im Bild des Tieres

Nun wir vom Essen und Trinken sprechen, und dabei das Körperliche wieder betonen, wäre es an der Zeit, auf gerade diesen Aspekt in der Welt hinzuweisen. Denn in der Bibel wird vom Körper des Menschen nahezu nichts erzählt, sobald es sich um die Teile handelt, die unterhalb des Hauptes oder unterhalb des Herzens liegen.

Sehr viel und ausführlich aber wird von solchen Teilen und vom ganzen Körper erzählt, wenn es sich um Tiere handelt, um die sogenannten Opfertiere. Das allein schon sollte Fragen aufwerfen. Es ist zu billig, das Ganze dann abzutun, indem man behauptet, die Menschen, auch die Juden, seien früher eben grausam gewesen, mitleidlos. Wobei stillschweigend auch die Überheblichkeit mitspricht, *wir* seien nun fortschrittlich und gut. Lassen wir eine solche Diskussion auf sich beruhen.

Besser ist es zu fragen, was jene Opfer eigentlich, also dem Worte nach, bedeuten.

Das hebräische Wort für Opfer ist »korban«. Und dieses bedeutet wörtlich »nähern«, »näher bringen«. Ein »korban« wird vom Menschen gebracht; der führt das Tier den ganzen Weg bis zum Moment des »Schlachtens«. Er bringt zum Beispiel ein »korban«, weil er gesündigt hat, oder als Dank, oder zum Frieden mit Gott. Wozu dazu ein Tier töten?

Man könnte sich diese Frage einmal in aller Ruhe überlegen. Die Tiere, die man opfert, sind eine »behema«, allgemein auch das Vieh genannt. Es sind Tiere mit Hörnern; Rinder, Kühe, Stiere, Schafe, Ziegen. Von ihrem Körper wird, vor allem in der Überlieferung, sehr viel erzählt. Denn das Wort »behema« kann als »in sie«, als »in ihnen« gelesen werden, also »be-hema«.

In diesen Tieren lebt also etwas, das wir zum Beispiel »näher bringen« könnten. Näher zu wem? Die Opfer werden doch Gott gebracht. Sie werden, auch wörtlich, von außen in das Heiligtum geführt und dort für Gott geopfert, als Tiere getötet. Das Blut wird Gott gebracht.

Blut, wir sprachen schon davon, bedeutet »gleichen«. Das Tier als Tier endet dort, durch den Menschen, und das, was »gleicht«, in Mensch und Tier, wird vergossen und in besonderen Fällen, einmal im Jahr, bis ins Allerheiligste gebracht, bis zur »Lade des Bundes«.

Wir können es auch so sagen: Der Mensch bringt seine Existenz, wo er tatsächlich ein »höheres Säugetier« ist, wie man fortschrittlich sagt, Gott näher. Er läßt diese Existenz enden und damit in Gott aufgehen. Die Existenz wandelt sich in Gott, wird hier unsichtbar. Gott atmet den »angenehmen Duft« ein. Geruch, »reach«, ist verwandt mit »ruach«, Geist. Und »angenehm«, »nichoach«, hat den Begriff des Ruhens, der Gunst, der Gnade in sich.

Es geht hier also um einen Prozeß im Leib, im Ewigen. Die Bibel hat natürlich auch ihren zeitlichen, ihren körperlichen Aspekt. Aber sie spricht, Worte Gottes, vom Leben im Sein, im Ewigen, im Leib, im Nichtbewußten. Da die Worte hier im Körperlichen wie dort im Leiblichen, im Ewigen gelten, kann die Bibel etwas verstanden werden. Der Vorhang ist auch für den Menschen hier in gewissen Momenten passierbar. Der Hohepriester kann »einmal« im Jahr, im Zeitzyklus, hinübergehen und zurückkommen. Der Mensch kann Momente erleben, eben durch das Wort, in denen er hinüberreichen kann, mit dem Blut des Tieres, mit dem Gleichnis des Körperlichen, mit dem Gleichnis in seiner Existenz.

Das Opfer, das »korban«, ist also der Weg des Menschen. Wohin? Zu Gott, dorthin, wo Ewigkeit ist, das Sein in allen Zeiten, wo alles den Zusammenhang zeigt, seine Einheit.

Der Rumpf des Menschen, sein Körper, wird meist »guf«, Gimmel-Waw-Peh, 3-6-80, genannt. Es kommt vom Wort »gaw« und bedeutet Körper.

Aber ein besseres Wort ist »geschem«, Gimmel-Schin-Mem, 3-300-40. Dieses Wort bedeutet auch Regen. In dem Ausdruck »hith-gaschem«, »sich im Körper umwandeln«, klingt an, daß der Körper wie der Regen entsteht, vom Himmel kommend. Das Leben, der Leib, ist im Himmel, der Körper »regnet« hinunter auf die Erde. Daher wird dieser Ausdruck auch mit »sich materialisieren«, »sich verwirklichen« wiedergegeben.

Der Mensch oben, das Tier unten; das Haupt der Mensch, der Rumpf das Tier. Man denke an die Sphinx in Ägypten und ähnliche Bilder in anderen Kulturen, aber auch an die Vision des Ezechiel vom Thron Gottes mit den vier Wesen um den Thron. Alle haben Gesichter vom Menschen, aber nur eines ist ganz Mensch, die drei anderen sind Stier, Adler und Löwe.

Die Tiere also gehen mit dem Menschen zu Gott. Unsere zeitliche Existenz geht den Weg mit uns. Führen wir das Tier, kennen wir unseren Lebenssinn? Wollen wir unsere Existenz auf das Ewige ausrichten, oder lassen wir das Tier toll werden, ausbrechen? Die Liebe kann uns nur die Freiheit schenken. Sonst wären wir ein Mechanismus, kein Mensch im Bild und Gleichnis Gottes.

Deshalb wird der Körper des »korban« bis ins letzte Detail beschrieben. Der Körper des Menschen aber kaum. Und wenn, dann tritt schon bei den am einfachsten feststellbaren Teilen eine unglaubliche Unwissenheit zutage. Wir sollten uns hüten, dann voreilig und überheblich zu urteilen, daß diese Alten, primitive Steinzeitmenschen, keine Ahnung hatten. Eher könnte man sich fragen, was diese exakte Kenntnis des Tierkörpers, diese fast haarspalterische Exaktheit, bedeutet.

Entsprechend müssen wir den Weg der Speise durch den Mund auf andere Weise betrachten.

Trinken

Das Essen erkannten wir schon als ganz machen, erfüllen, vollkommen werden lassen. Das Trinken heißt »schatha«, Schin-Taw-He, 300-400-5. »Schath«, 300-400, ist aber auch »Fundament«. Und der Grundstein der Welt ist nach der Überlieferung der Stein mit dem Namen »Schethija«. Wörtlich bedeutet dieser Name das Fundament von »ja«, vom »Herrn« also. (Man denke an »Halleluja«, »preiset den Herrn«.) Man kann auch sagen: Das Trinken des Herrn.

Und eine Mahlzeit heißt »mischthe«, Mem-Schin-Taw-He, 40-300-400-5; also eigentlich ein »Trinken«. Es ist auch Brauch, daß zu einer Mahlzeit das Trinken gehört. Als Grundlagen der Mahlzeit werden Brot und Wein genannt.

Das Trinken bedeutet deshalb das Fließen der Zeit. Beim Zug durch die Wüste geht es immer wieder um das Trinken, der Durst ist das große Problem.

Das Flüssige bedeutet das Zeitliche. Das Leben erscheint sinnlos, wenn das Zeitliche nicht erfüllt wird. Denn das Zeitliche ist diese konkrete letzte Welt *hier*. Bis in diese letzte Welt verwirklicht alles Gott. Die letzte verbindet sich dann mit der ersten Welt. In der Sprache der Sephiroth heißt es, daß sich die letzte Sephira Malchuth, das »Reich«, mit der ersten Sephira Kether, der »Krone« verbindet. Der Mensch erhält für das Reich die Krone und wird als König erkannt.

In der Wüste ist es Mirjam, die den Brunnen hütet, der mit Israel durch die ganze Wüste zieht. Erst als Mirjam stirbt, versiegt der Brunnen. Dann kommt es zu dem Ereignis, wo Mose den Felsen schlägt, berührt, damit er Wasser spende. Das Wort hätte genügt. Der Mensch erwartet aber das Konkrete. Und um das zu schenken, hat Mose sein Kommen ins gelobte Land geopfert; um der anderen willen.

Die Frau, die Mirjam, läßt das Geschehen in der Zeit kommen. Immer stehen deshalb die Frauen am Brunnen. Man denke an Rebekka, an Rachel, an Zippora.

Die Mahlzeit hat die feste Speise und das Trinken. Die feste Speise geht durch den Speichel im Mund dann weiter und durch den Körper hindurch. Speichel, »rir« oder »rok«, ist notwendig für den ganzen Weg. Zeit ist also im Leib bestimmt auch da.

Auch die Geschichte der Bibel hat eine Zeitstruktur, kennt die Zeit. Sie ist dort sogar in besonderer Weise eingeteilt. Es ist die Zeit des Leibes, die nicht ohne weiteres mit der Zeit des Körpers gleichgesetzt werden kann. Im Körper gibt es den Weg der Verdauung bis zur Ausscheidung. Auch im Leib ist deshalb ein Weg da. Nur hat jener Weg ganz andere als körperliche Maßstäbe. Diese Zweiheit von Leib und Körper müssen wir immer im Auge behalten. Leib und Körper sind eins und *doch* verschieden. Einswerden können sie nur durch unsere Sehnsucht nach Liebe, unsere Sehnsucht nach dem Guten: es zu empfangen und es zu schenken.

Die beiden Röhren

Zwei Röhren führen im Körper des Menschen in den Rumpf hinein. Die eine ist die Luftröhre, durch die der Atem, »neschem«, die »neschama«, das Wort, in die Lunge, »re-a«, bringt und wieder hinausführt. Die andere ist die Speiseröhre, durch die Essen und Trinken in den Körper kommen. Während die Luft unsichtbar ist und den »neschem«, die »neschama« trägt, ist die Speise sichtbar, konkret. Und das Ausatmen wird bei der Nahrung zur Ausscheidung. Die Speiseröhre heißt »weschet«, Waw-Schin-Teth, 6-300-9; die Luftröhre »kana«, Kof-Nun-He, 100-50-5.

»Kana« kann man als weibliche Form von »ken« oder »kan« sehen, dem Wort für Nest. »Kan«, Kof-Nun, 100-50, hat dann auch die Bedeutung von »vorbereiten«. Das Nest des Vogels spielt in der Bibel und in der Überlieferung eine große Rolle. Der Atem kommt also durch die »kana« in den Menschen, in die Lunge und schließlich ins Blut.

»Ken«, anders geschrieben, nämlich Kaf-Nun, 20-50, aber gleich ausgesprochen, bedeutet »Ja«, die Zustimmung. Man sagt »ken«, wenn etwas recht ist, richtig, rechtschaffen. Weil diese Welt wie ein Nest ist, ein Zuhause, vorbereitet und liebevoll gepflegt. Wenigstens in den Gedanken, Wünschen, Träumen des Menschen. Alles, was durch ein Rohr geleitet wird, auch bei den Pflanzen, hat diesen Sinn des Gehegtwerdens, des Aufgehobenseins. Das Rohr ist vorbereitet, damit etwas zum Ziel gelangt. So der Atem in die Lunge und nach der Entnahme des Sauerstoffs wieder zurück; die »kana« ist dazu vorbereitet, daß die »neschama« auf Erden ihren Weg hin- und zurückgehen kann.

Im Nest leben die Vögel ihre »nefesch«, den Leib: Die Eier mit neuem Leben, Brüten, Wärmen, Aufziehen der Jungen, Füttern. All das wird dem Instinkt zugeschrieben. Aber es ist die »nefesch«, der Leib des Vogels, der das Erhalten der Art im Körper fördert. Immer neue Generationen jeder Art kommen in der Zeit hervor. Alles sieht auch so aus, als ob es darum geht, weitere Nachkommen zu erlangen. So erhält sich die Art, »min«. Nur der freie Wille des Menschen kann entscheiden, hier nicht weiterleben zu wollen. Damit entzieht er sich dem Geheimnis der Schöpfung, daß hier alles nach seiner Art erscheint, daß die Welt bis zur Einswerdung so vielfach da ist. Wenn eine Art hier ausstirbt, ist sie zur Einswerdung nicht mehr da. Sie wird dann fehlen, das Ganze wäre krank, denn es fehlte ihm dieses Etwas.

Alle Tiere haben diesen Instinkt. Sogar das Reißen, das Rauben findet nach einem Trieb statt. Das »min« behauptet sich. Rätselhaft, wenn man nur das Irdische kennt und deshalb als einziges anerkennt. Es ist auch grausam anzusehen. Wenn man aber vom Leib weiß, ist man sich einer Quelle im Ewigen bewußt.

Wenn ein Mensch seine Art ablehnt, lehnt er die Grundlage des Lebens ab. Denn die Liebe ist da, damit die andere Art geliebt werden kann. Die eigene Art »liebt« man schon nach dem Gesetz des Instinktes. Das geschieht schon von der »nefesch« her, die die Art erhalten will, damit alles hier im Körper erscheint, was dort im Leib, im Leben anwesend ist; daß auch in der Zeit alles aus dem Ewigen erscheint.

Das alles betrifft den Weg des Atems; ein Nest ist vorbereitet, daß immer geatmet werden kann, bis, wie es heißt, zum »letzten Atemzug«.

»Weschet«, der Name der Speiseröhre, stammt aus der Überlieferung, wo das »Tier« ausführlich besprochen und analysiert wird, weil unser Körper dem Tier sehr verwandt ist. Da man das nicht versteht, konnte es zu der einseitigen Auffassung kommen, alles in der Bibel und der Überlieferung drehe sich um den Nutzen des Essens und die rechte Art zu essen. Daß Juden nur koscher essen dürfen, kann leicht zu einer gewissen Überheblichkeit führen, weil man sich dann besser als die anderen fühlt, die nicht koscher essen.

Koscher

Das Wort koscher kommt von »jaschar«, recht. Und recht nicht, weil es gesund ist, wie Vitamine gesund sind, sondern recht, weil es dem Weg der Schöpfung, dem Sinn der Schöpfung entspricht. Körperlich nimmt der

Mensch Speise zu sich, wie er auch Luft einatmet, weil sein Leib es dem Wort gemäß tut. Er ißt Fleisch, »bassar«, weil der leibliche Mensch auf »Botschaft« wartet. Er wartet auf Einswerdung, er wartet auf Liebe, er wartet auf die »gute Nachricht«, auf die »frohe Botschaft«.

Und das Tier im Leib ist die Existenz, die man dem Sinn des Lebens annähern will, also als »korban« bringen möchte. Jeder Mensch selbst will das doch, *seinem* freien Willen gemäß. Auch wenn er im Leben Unfrieden spürt, weil er einige Zeit nur das Körperliche, das Konkrete als Zielsetzung in seinem Leben angesehen hatte. Dann nähert er sich im Sinne eines »Sündopfers«. Es ändert sich bei ihm. Immer ist unsere gegenwärtige Existenz die letzte Phase unseres Weges. Was mit unseren Knochen ist, mit unseren Zellen, ist uns nicht bewußt, es sei denn, es meldet sich als existenziell. Vieles andere aber ist uns nah, geht uns direkt an.

Der Mensch kommt als »weitergeschrittenes« Säugetier. Vom Leib her »weiß« er, daß Gott durch das Horn des Widders der Welt das Leben eingeblasen hat. »Ajil«, das Wort für Widder, das männliche Lamm, hat als Stamm das Wort »el«, »zu etwas hin«. Und wohin sonst geht der Mensch als gerade dorthin, wo ihm Antwort auf den Sinn des Lebens gegeben werden kann?

Das Zeichen Lamed, das l hat im Hebräischen die Bedeutung des zum Kern, zur Quelle, zum Brunnen hin gehen wollen. Wie das Vieh im Körperlichen. Und Gott bläst, heißt es, seinen Atem, seinen »neschem« in das Lamm hinein. Damit entsteht alles Leben dieser Welt.

Dieses Horn heißt »keren«, 100-200-50. Und dort, wo man hineinblasen kann, trägt es den Namen »schofar«, 300-80-200. Und aus dem uralten »Wissen« der Überlieferung weiß man, daß die Zahl von »keren«, 350, und die Zahl von »schofar«, 580, viel zu erzählen haben. Die 3,5, die Dreieinhalb, ist sozusagen der Multiplikator der »Weltenzeit«, der 1657, und bringt damit die Zahl der Gnade, die 58*. Gnade aber ist eben kein Resultat irgendeiner Berechenbarkeit. Sie steht jeden Moment an der Türe der Gegenwart und bittet um Einlaß. Der Mensch aber ist frei in seiner Wahl. Er kann, unbewußt, das Zeitliche wählen und rechnen und denken.

Es ist also in unserer Existenz wichtig, ob wir von diesem Horn wissen und davon, daß das Tier »gespaltene« Hufe hat. So erscheint es körperlich; im Leib bedeutet es, daß es auf einer Dualität steht. Im Körper ist es »wiederkäuend«; im Leib heißt das: Ich nehme nichts so auf, wie es mir erscheint. Ich nehme es erst richtig auf, nachdem ich es schon in mir hatte, als es also auf mich selber bezogen war. Ich muß es selber als »ich« erleben. Dann erst hat es Sinn. Dann erst kann ich es »verdauen«.

Das sind Eigenschaften im Leib des Menschen.

Wenn man das in seinem Leben nicht so lebt, lebt man nicht »recht«, nicht »jaschar«. Aber wenn der Körper demgemäß lebt, sich daran gewöhnt, kann die Frage vielleicht eher im Geist gestellt werden. Wie der Mensch sich aus den Begebenheiten im Leben eher Fragen nach dem Sinn dieser Ereignisse stellen kann.

Es geht darum, *was* der Mensch in sein Leben aufnimmt, um es zu verzehren, um es in sich eingehen zu lassen. Denn essen, »achol«, ist doch »voll machen«,

---

* Eine ausführliche Darstellung dieser Zusammenhänge, insbesondere auch der Dreieinhalb, in F. Weinreb, »Schöpfung im Wort. Die Struktur der Bibel in jüdischer Überlieferung«, Thauros Verlag 1987.

»ganz machen«. Nimmt er auf, was »recht« ist für sein Leben? Die Luft atmet er, da kann er nicht wählen und braucht es auch nicht. Nur wenn die Luft stickig ist, oder vergiftet, dann wird er schon andere Luft wählen *müssen*.

Speise und Trank aber kann er wählen. Wählt er zum Beispiel das, was *ihm* schmeckt, was ihm körperlich nahrhaft ist, dann bedeutet es, daß der Leib, sein Leben in Ewigkeit ihn wenig schert. Natürlich kann man dann sagen, man wisse ja nicht, was wohl und was nicht. Denn es ergibt sich erst im Leben, wohin unsere Neigung geht. Bekanntschaften, Beruf, Lektüre – fast alles scheint durch Herkunft und Umstände bedingt.

Im Leib also werden die Sehnsüchte und Wünsche entscheidend sein. Der Leib möchte nur den Weg nach Hause gehen, und er möchte, daß das körperliche Leben demgemäß erscheint.

Nun ist gerade den Hebräern, den ihrem Namen nach »Jenseitigen«, im Wort gezeigt, daß endgültig das Erscheinende gleich sein wird mit dem Ewigen, der Körper das tun wird, was der Leib tut. Denn bei jedem Menschen, der sich nach dieser Einheit sehnt, verwirklicht sich dies. Jeder Mensch kann doch in seinem Leben Ewigkeit ersehnen.

Und die Hebräer, selbst wenn sie gar nicht mit ihrem Namen übereinstimmend leben, selbst wenn sie sich gar nicht nach dieser Einheit von Zeitlichkeit und Ewigkeit sehnen, haben durch ihre Herkunft ihre Art, ihr »min«, daß sie viele Dinge schon jetzt konkret so leben, wie es vom Worte her im Leib gelebt wird.

Alles in der Welt hat seine Art. Sie ist hier Ausdruck der »nefesch«, der Leib-Seele. Die »neschama« aber, das Wort, das bei Gott ist, kommt mit dem »ruach«, dem Geist, zur »nefesch« des Menschen. Die »neschama« möchte das Gesetz der Arten, die sich bekämpfen müssen, weil sie sich zu behaupten haben, in die Dimension des Wortes, der Liebe, der Freiheit bringen. Denn dann ist die Spaltung zwischen Leib und Körper, zwischen Himmel und Erde, zwischen Leben und Tod aufgehoben. Dazu ist die Schöpfung mit dem Menschen, mit Gottes Bild und Gleichnis auf Erden. Darum hat die Liebe überall Priorität, dafür der Kampf, das ist der Sinn des Lebens.

Jede Art lebt, wie es die »nefesch« ihr sagt. Die »neschama« nun möchte alles in eine neue Welt, in einen neuen Himmel und eine neue Erde bringen. Dazu kann allein die Liebe führen, die sich nur in Freiheit, in eigener Verantwortung zu erfüllen vermag.

Am Ende mit dem Messias weiden Wolf und Lamm zusammen. Die Arten haben Frieden, haben Vollkommenheit, weil Liebe herrscht. Dazu diese Welt, dazu diese Menschheit. Die Hebräer leben ihrer Art gemäß, wo das Jenseitige hier schon getan wird. Ob aber bei ihnen der Geist den Sinn der »neschama« hinüberträgt und dieser auch zugelassen wird, ist Sache eines jeden Menschen in seiner Freiheit.

So kann der Geist jener »Ticre«, der »behema«, im Menschen sein, auch wenn er die Art *seiner* Herkunft lebt. Der Wolf bleibt Wolf, der Löwe bleibt Löwe, der Rabe bleibt Rabe; aber durch die Liebe der Erlösung kennt jede Art die Sprache der anderen Arten. Vom Leib her kann jeder Mensch auf *seine* Art die »gespaltenen Hufe« als Standpunkt erkennen und leben; so auch den wiederkäuenden Magen usw. Denn im Leib kann das von jedem verstanden werden. Es sind doch alles Worte Gottes, die für *alle* Menschen, für die ganze Welt gelten.

»Weschet«, 6-300-9, das Wort für die Speiseröhre, bringt man in Beziehung zum Wort »boscheth«, anders geschrieben, dem Laute nach aber verwandt. »Boscheth« bedeutet »Schande«. Die Funktion des materiellen Essens und Trinkens sieht man als etwas für den Menschen eigentlich Ungehöriges. Mose, der auf dem Berg Sinai vierzig Tage und Nächte verbringt, nimmt weder Speise noch Trank zu sich. Man könnte mehrere solcher Beispiele anführen. Auch der Brauch des Fastens weist darauf hin, daß der Mensch diese Art Nahrung eigentlich nicht braucht, nicht will. Er kann auch ohne dieses Leben hier leben. Zur Umkehr fastet man auch. Man will ein neues Leben beginnen, den Weg neu wieder anfangen: umkehren. »Der Mensch lebt nicht vom Brot allein.«

Ein König, heißt es, schämt sich, die materielle Speise aufnehmen zu müssen, denn er weiß von der Speise des Leibes. Dort speist er mit, teilt sogar die Speisen am Tisch aus. Die materielle Nahrung aber nimmt der König nur verborgen zu sich.

Magen und Darm

Der Sinn des Essens zeigt sich auf dem weiteren Weg im Körper. Die Speise kommt in den Magen, »kewa«, 100-2-5. Der Name hat Beziehung zum Worte »kaw«, 100-2, einem Hohlmaß für Getreide. Ein »kaw« ist eine halbe »sea«, ein Sechstel eines »efa«. Und »efa« wird wie »efo«, »wo?«, geschrieben. Diese Hohlmaße, in erster

Linie auf Getreide bezogen, bedeuten ein Messen des Materiellen. Der Nachdruck liegt dabei auf dem Konkreten. Das aber will man eigentlich vermeiden, man will nicht mit solchen Hohlmaßen gemessen werden. Man schämt sich, daß man als Mensch diesen Weg geht, vielleicht auch gehen muß. Man wäre mit einem Leben wie vom Leib viel zufriedener. Man weiß, daß dieser Weg mit Essen und Trinken auf Tod und Verwesung hinweist.

Beim »efa«, dem großen Maß, fragt man deshalb »efo«, »wo?« *Wo* will man gemessen werden? Jedenfalls nicht *so*.

Der Darm heißt hebräisch »me-i«, 40-70-10. »Me« bedeutet »von«, und »i«, 70-10 geschrieben, bedeutet Trümmerhaufen, Schutthaufen. Das weist also auf die Katastrophe hin, daß der Mensch mit dem Essen den Tod aufnimmt und daß auch er diesen Weg der Ausscheidung gehen muß. Der Darm wird als Folge des Sündenfalls gesehen.

Wir müssen das natürlich recht verstehen. Gewiß ist man froh über seinen Darm, will ihn auch gut funkionierend erhalten. Dennoch legen wir, wenn wir normal leben, auf den Unterleib nicht gern besonderen Nachdruck. Wir umschreiben die Vorgänge dort mit Worten wie »Stuhlgang«, um die Aufmerksamkeit vom Darm abzulenken. Denn der Darm des Menschen ist tatsächlich die Folge der Katastrophe, des Trümmerhaufens, des Schutthaufens. Und es riecht im allgemeinen auch nicht gut; es stinkt sogar ganz besonders. Woher kommt dies alles?

Der ganze Komplex stammt vom Geschehen im Paradies, im Garten Eden. Sobald der Mensch auf die

»Lust« des Lebens im Körper aufmerksam wird, läßt er sich verführen. Es heißt, die Schlange ist das Bewußtwerden der Lust des Geschlechtstriebes. Die ganze Schöpfung ist im Sinne des »min«, der Art, zugleich aber auch von der Geschlechtlichkeit aufgebaut. Nur der Mensch, im Bild und Gleichnis Gottes, steht allein dem allen gegenüber.

Die Schöpfung wartet und erwartet die Erlösung durch das Wort, durch die Liebe, vom Menschen. Alles weiß von der »nefesch« her, also instinktiv, daß der Messias ein Mensch ist. Ein Mensch, der war, der ist und der sein wird. Und die Kreatur meldet sich beim Menschen. Sie kennt die Liebe aus Freiheit nicht. Die Konfrontation mit der Schöpfung enthält auch das Risiko, zu fallen. Denn alles in diesem Sinne Gesetzmäßige läßt immer hereinfallen. Der Erlöser *muß* fallen, es sei denn, er nimmt es auf sich, von der Schöpfung als fremd, also als häßlich und abstoßend abgewiesen zu werden.

Dies geschieht mit dem Adam, der im Bild und Gleichnis Gottes da ist. Die »nachasch«, die Schlange, weist ihn auf das gesetzmäßige »min« hin. So wird dann auch gesagt, die Schlange verführt die Frau sexuell. Diese Lust scheint immer entscheidend zu sein. Auf allen Gebieten, in allen Bereichen. Denn in der Hingabe an diese Lust erhält der Mensch eben alles Animalische. Nun muß er auch essen und trinken, nun siedelt sich alles Tierische im Menschen an.

Deshalb wird jeder normale Mensch sich für diesen ganzen Bereich schämen. Das Sexuelle, das »min«, alles von der Verdauung empfindet er als eigentlich nicht ursprünglich menschlich. Und so kommt der Darm eben

»vom Schutthaufen«, vom Scherbenhaufen, der mit diesem Geschehen entsteht.

Im Leib des Menschen bedeuten diese Bereiche, daß man gern das Quantitative in den Mittelpunkt stellt, und das Bestreben, der Welt ihre Schande zu zeigen. Es ist die Lust am Verkünden des Unterganges, das Aufzeigen der Sünden, das Schwelgen in jeder Art Voyeurismus, also das, was von den »gefallenen Engeln« erzählt wird. Man will jede Art Schande aufdecken und hat seine Freude daran. Ein solcher Hang im Menschen ist kaum »körperlich« zu bekämpfen. Hier hängt sehr viel von der Sehnsucht nach dem guten, nach dem liebenden Wort ab.

Welche Sicht hat man zum Beispiel auf die Geschichten der Bibel? Sieht man Kajin nur als Bösen? Vernichtet man ihn damit in sich? Findet man es richtig, daß die Welt in der Sintflut untergeht, oder fragt man sich, woher sie kam und wie man *jetzt* lebt? Man kann sich über den Segen über Jakob ärgern, dem David bei gewissen Psalmen Härte zuschreiben, Salomo mit seinen tausend Frauen einen Lüstling nennen, Esther als Hure kennzeichnen.

Dann kommen im Leben im Körper viele Perversitäten vor, denn man hat dann mit dem Wort so gehandelt, wie die Schlange wollte. Das Erlebnis der Begegnung mit der Welt ist dann so, daß man der Lust, der Faulheit, der Depression verfällt, weil die Welt keine Antwort auf die Frage nach einem Sinn gibt. Daß der Mensch sich selbst als den begreift, welcher der Welt den Sinn bringt, weil er alle liebt, weil er alle neu sieht, ihnen alles Beste gönnt, das kann er nur selber in seiner Freiheit erleben. Dann ist er im Bild Gottes, im Bild des Erlösers.

Dieser Bereich des »min« und seiner Konsequenzen wird deshalb sehr behütet. Man kann nur schwer in ihn eindringen. Der Körper wird behütet. Weil die Lust schnell verführen kann. Weiß man nicht, wie es ist, wenn man einmal einem Rausch verfallen ist? Man hat viele Gründe zu beweisen, daß es gut und lebenswichtig sei mitzumachen. Ist man aber einmal drinnen, muß fast ein Wunder geschehen, wenn man wieder herauskommen will.

Man spricht also davon nur in dem Sinne, daß das Tier, die »behema« sich so verhält. Und daß man nur *das* vom Tier nehmen kann, was als »korban« zu Gott geführt wird. Vieles wird dort mit dem Begriff »tame« geschützt. »Tame«, 9-40-1, wird mit »unrein« übersetzt. Es bedeutet aber: Man hüte sich davor, so zu leben, daß immer der Tod am Schluß steht, der Tod die Grenzen setzt.

Der reine Mensch, »tahor«, 9-5-6-200, lebt also auf eine Weise, daß der körperliche Tod nicht als Grenze von allem gesehen wird. Ihm wird das »min« nicht entscheidend sein. Dann kommen ihm von selber andere Gedanken, andere Begegnungen. Sein Leben wird vom Leib her gelenkt, er versteht, daß er dem Leib vertrauen kann. Dies alles geschieht durch seine Beziehung zum Wort, durch sein Empfinden, daß das Wort vom persönlichen Gott, vom »Er« kommt, daß das Wort eben sein »Er« ist.

Das Ausgeschiedene soll bedeckt werden. Man meint nicht nur das hygienische Bedecken, man meint vor allem, daß nicht gegrübelt werden kann über das, was vom Körper nicht aufgenommen, also nicht als aufbauender Teil des Körpers verwendet wird.

Man suche also nicht im Erscheinenden nach der Lösung aller Rätsel, man suche sie nicht über Psi zu erhalten. Es gibt eben nur ein begrenztes Gebiet hier; das Verborgene ist für Gott. Man kann Gott vertrauen, daß alles schon seinen Ort und seinen Sinn hat. Gewiß hat jeder hier so manches verloren. Sollte der Vater im Himmel machtlos sein, daß er es ihm nicht gönnte, daß es blieb? Er kann Gott vertrauen. Was Gott hier wegnimmt, ist gewiß bei ihm, auch für uns, besser aufgehoben als wir es uns überhaupt vorstellen könnten.

Deshalb lobt man Gott auch dafür, daß der Mensch ausscheiden kann.

Nieren

Zum Komplex der Verdauung, »akel«, 70-20-30, haben die Nieren eine besondere Beziehung. Essen, »achol«, 1-20-30, zeigt zu »kol«, »alles«, 20-30, die Verbindung mit der »Eins«; bei Verdauung, »akel«, ist es die 70, die Ajin, die Omega, das Zeichen der Vielheit, das mit »allem« in Verbindung bringt. Ein Teil wird vom Körper aufgenommen, ein Teil aber geht fort. Wie die Luft beim Ausatmen. Es ist wie die 70 Völker, die in der Welt als Geheimnis irgendwie leben. Wir werden die Überraschung, wie es heißt, die in diesem Geheimnis verborgen ist, in unvorstellbarer Freude erleben.

»Kilja«, Niere, Kaf-Lamed-Jod-He, 20-30-10-5, und »klajoth«, die Mehrzahl beider Nieren, haben als Stamm wieder das Wort »kol«, »alles«, das Ganze.

Während essen, »achol«, das Ganze mit der »Eins« des Menschen verbinden läßt, verbindet die Niere alles, das Ganze, mit der 10-5, dem »jah« von Gott.

Wie aber hast du deine Speisen gewählt? Wie lenkt dein Leib? Wähltest du nur zur Lust? Gott nimmt alles, was du mißbraucht hast, wieder auf. Es war nicht die Schuld des Gewählten, es ist die Verantwortung des Wählers. Es ist das Geheimnis des Ausgeschiedenen. Das geht den Weg, den Gott schon kennt. Du aber kannst krank werden. Im Leib durch deine Wahl, im Körper durch deine Wahl der Speisen.

Deshalb heißt es, der Mensch werde auf Herz und Nieren geprüft.

Das Herz könnte ja das Blut nicht überall hinschikken, weil das Herz in deinem Leib sich nicht um die Welt kümmert, weil dein Herz nicht den Atem hergeben kann, weil es von Stein, weil es unbeschnitten ist.

Die Nieren zeigen, wie deine Wahl im Leben war oder ist. Wie du das Wort siehst, welche Begegnungen du suchst, welche Bücher du liest, welche Studien dir gefallen. Lebst du zur Lust, zum Rausch? Benutzt du dazu die Schöpfung? Kamen dir nie Fragen, wozu das alles ist, wozu Tiere sind, wozu Pflanzen? Ob du vielleicht nicht *ihnen* etwas geben könntest, und nicht nur sie dir?

In diesen beiden Organen im Leib prüft Gott den Menschen. Und für Gott jedenfalls sind der Leib und der Körper eine Einheit.

Leber

Von den inneren Organen will ich auch noch Leber, Galle und Milz zur Komplettierung nennen. Ihre Funktionen im Körper setze ich als genügend bekannt voraus. Ich möchte diese Organe wieder vom Wort her im Leib besprechen.

Alle drei Organe hängen irgendwie mit dem Blut, dem »Gleichen« zusammen. Das Gottgleichen ist durch die menschliche Freiheit modifiziert. Es steht dem Menschen frei, sich so zu benehmen, daß er trotzdem sehr weit abweicht, ja eher zum Zerrbild als zum Gleichnis wird. Dann heißt das Blut im Leib krank, dann könnte Gott sogar sagen: *Das* gleicht mir gar nicht, und es wegnehmen. Im Leib und dann auch im Körper. Die Freiheit läßt alles, bis zum Äußersten, zu.

Die Leber heißt hebräisch »kawed«, Kaf-Beth-Daleth, 20-2-4. Dieses Wort bedeutet auch »schwer« und »ehren«. Das körperliche Organ also wird, wie sich auch hier zeigt, vom Leib her benannt. Denn das Wort ist von Gott, es ist schon *in* uns, bevor wir überhaupt da sein können. Durch das Wort erst sind wir da, das Wort benennt uns.

Die Leber hat also mit der Schwere zu tun. Das Leben hier in der Welt wird sehr wichtig genommen. Dadurch wird hier vieles auch »schwierig« – ein Wort, das im Deutschen von »Schwere« kommt. Wer sich so einrichtet, als sei das Irdische »alles«, der hat es schwer. Fortwährend Aufregungen, weil immer wieder klar wird, daß so manches nicht stimmt, daß also ständig eine Stimme sagt: Nein, du lebst vollkommen falsch, du hast es schwierig, weil du einen prinzipiellen Fehler begehst.

Und damit hat auch die »Ehre« zu tun. Ehre ist *hier* drückend. Man weiß ganz gut, wie schnell man hier vergessen ist, wie andere kommen, welche die Ehre dann für *sich* übernehmen. Ganz anders ist die Wirkung, wenn die Ehre Gott gegeben wird. Dann zieht eben nicht das Irdische, dann zieht die Ewigkeit an. Dann ist es hier leicht, dann ist es hier licht.

Das Wort für Joch ist im Hebräischen »ol«, Ajin-Waw-Lamed, 70-6-30. Ein Joch drückt. Aber »oleh« als Zeitwort bedeutet »aufsteigen«. Und das Wort für Welt ist »olam«, 70-6-30-40.

Wie erlebt man die Welt? Als drückendes Joch oder als ein Aufsteigen, ein Leicht- und Lichtwerden? Ein Klären oder ein Versinken?

»Olam« bedeutet nicht nur »Welt«, sondern auch »Ewigkeit«. Wie erlebt man Ewigkeit? Als Unendlichkeit? Dann ist es zum Verzweifeln. Denn dann bleiben Dinge, die man verloren hat, für ewig verloren. Dann bleibt Unrecht ungerächt. Dann muß man sich doch rächen? Dann *muß* man aggressiv werden. Sonst wäre das Leben ganz sinnlos, so ohne Aggression, so ohne Wiedergutmachung.

Erlebt man aber Ewigkeit als Gegenüber zum Zeitlichen, und eben nicht als eine Verlängerung des Zeitlichen, dann ist man dem Ewigen schon näher. Dann erkennt man im Linearen die eine Seite, die mit einer neuen Dimension ihre Gegenseite erhält.

Im Ewigen, wenn das Lineare nicht mehr »alles« ist, wird Vergangenheit gleichwertig wie Gegenwart, ist auch Zukunft gegenwärtig. Im Ewigen wird »es war«, »es ist«, »es wird sein« als Einheit, als ein Zugleich erlebt.

Im Hebräischen ist der Name des Herrn das Wort »Sein«, das immer gegenwärtige Sein, »howe«, He-Waw-He, 5-6-5. Und das Tetragramm, das Jod-He-Waw-He, das 10-5-6-5, will vom Worte her gar nicht nur »Herr« sagen, sondern viel mehr. Mit »Herr« ist nur gesagt: es *herrscht* das Sein, es herrscht Vergangenheit, Gegenwart und Zukunft als Einheit. Damit ist auch die Auffassung im Judentum vom Herrn im Ausdruck des Tetragramms einbezogen, daß nämlich damit die Eigenschaft der Barmherzigkeit Gottes benannt wird. Denn nur der Barmherzige kann das harte und grausame Verlorengehen in der Zeit aufheben; für ihn ist Vergangenheit genauso gegenwärtig wie Zukunft. Er allein könnte alle Wunden, alle Pein heilen.

Zudem ist dieser Name »Herr« im Hebräischen sprachlich gesehen weiblich. Die Barmherzigkeit erfährt die weibliche Seite des Menschen. So ist es vom Wort her gar nicht mehr allzu erstaunlich, daß der Mutterschoß, die Gebärmutter hebräisch »rechem« heißt: »erbarmen«, »barmherzig«.

Das Wort ist ein Wunder. Es fügt schon »jenseits« alles zur Einheit, zur Einheit Gottes. Der Körper zeigt das Leben, zeigt den Leib, das Zeitliche zeigt das Ewige.

Wenn also Gott die Ehre gegeben wird, dann ist das kein Zwang, keine Absicht, mit Gott gut zu stehen, ihm wie einem launischen Herrscher zu schmeicheln, um Schläge zu vermeiden. Gott Ehre geben, Gott Schwere, hier Gewicht geben, ihn wichtig nehmen, bedeutet nichts anderes als der Ewigkeit hier Wichtigkeit beimessen. Dann »steigt man auf«, dem Wort gemäß; dann bezieht sich unser Leben immer mehr auf die Gewißheit, daß allem vom Ewigen her seine Bedeutung zukommt. Von dorther beginnen wir, klar zu sehen, alles erst richtig zu erklären. Das Leben wird leicht, nicht mehr von einem Joch hier gedrückt.

Das Wechseln von »himmelhoch jauchzend« und »zu Tode betrübt« hört auf. Die Gewißheit stellt sich ein, daß im Fundament alles gut ist. Fundament im Hebräischen, »jesod«, Jod-Samech-Waw-Daleth, stimmt dann mit dem Wort »sod«, Samech-Waw-Daleth, überein, das »Geheimnis« bedeutet.

Ewigkeit kann nur als Geheimnis im Menschen leben; der Herr ist ein Geheimnis, ist das Geheimnis überhaupt. So hat jeder Mensch sein Geheimnis, und das ist die Basis von allem. Wie die Wurzeln der Pflanzen: nur solange sie verborgen sind, spenden sie Leben.

So sind auch des Menschen Wurzeln verborgen. Er kann Gott nur in seiner persönlichen Intimität erleben. Alles Laute, Lärmende ist »schwer«. Durch Lärm wird *hier* Ehre gegeben. Dann ist die Leber krank. Im Leib, und vielleicht dann auch im Körper.

Niemals aber kann man vom Geschehen im Leib unmittelbar auf das Geschehen im Körper folgern. Denn wahr ist es eben nur, wenn die beiden hier als Einheit erscheinen. Und unsere Hoffnung kann nur sein, daß der Körper wie der Leib auch hier ewig ist; das möchten wir erleben. Dazu gehört aber, daß wir die Liebe ganz auskosten, daß wir das Geschenk des Lebens in allen Aspekten als Ge-schenk aus der Quelle Gottes geschöpft erkennen.

Wenn wir das Zeitliche, das Erscheinende so schwer nehmen, dann ist unsere Leber nicht in Ordnung. Die Leber möchte eigentlich Gott die Ehre geben. Die Erde aber verführt, sie läßt uns fallen. Sie möchte uns hier fesseln. Gott Ehre geben, bedeutet, erst einmal das Ewige als Maßstab in uns aufnehmen. Das Ewige als Gewohnheit übernehmen. Dann wohnt es bei uns, findet bei uns eine Wohnung. Bei Gott wohnen; Gott gewohnt sein.

Wir könnten uns also gewöhnen, das Ewige ohne viel Worte als Maßstab zu haben. Gezielt kann man so etwas nicht erreichen. Alles Absichtliche zeigt, daß man dem Linearen verfallen ist, eine Art Berechnung, wann und wie man ans Ziel gelangen könnte.

Es kommt uns aber aus Gottes Kausalität. Dort gilt: Du bist, der du bist, wie ich bin, der ich bin. Dann zählen ganz andere Aspekte des Lebens; dann zählen vielleicht Liebe, Gnade, Barmherzigkeit, Gerechtigkeit, Ewigkeit.

In deiner Leber also stellt sich dir die Frage: Worauf legst du Gewicht? Was ist dir wichtig?

Die Redewendung »um Gottes willen« geht uns leicht von den Lippen. Trotzdem rechnen wir uns oft zur Ehre an, daß es von uns bewirkt wird, um unseretwillen. Wäre man bereit, in den Augen der Welt als Verbrecher dazustehen, wenn damit Gott die Ehre bekäme? Das ist eine für den Menschen schwer zu bewältigende Situation. Unbeachtet und vergessen zu sein, während man weiß, daß man vom Himmel her der Auserwählte ist, ist für Menschen schon schwer zu ertragen. Die Leber läßt dieses »Aufsteigen« nicht leicht zu.

Auch Isaak fällt es nicht leicht, der von seinem Vater Abraham auf Gottes Geheiß zum »ola«, 70-6-30-5, geführt – meist mit Brandopfer oder Ganzopfer übersetzt –, fragt: Wo ist das Lamm? Ob man selbst gehen kann, hängt von der Leber ab. Lebt die leibliche Leber fortwährend im ewigen Wort? Wie könnte man darauf hier eine Antwort geben! Und wenn einer es vom Leib, vom Worte her wüßte, der könnte hier nur sehr bescheiden und eher erschrocken sagen: Ich? Keine Spur! Wieso denn ich?

Galle

Die Galle ist mit der Leber verbunden. Hebräisch heißt sie »mara«, Mem-Resch-He, 40-200-5, und das bedeutet nichts anderes als »bitter«. Die Galle reagiert auf das Bittere hier im Leben. Der Name Mirjam bedeutet eigentlich »mar-jam«, Mem-Resch von »mar«, und »jam«, Jod-Mem, 10-40, die Eins und die Vier. Mirjam erlebt in der Zeit die Eins und die Vier, aber sie erlebt die Herrschaft der Vier; die Eins, die Quintessenz, wird nicht gewürdigt. Soll nicht Mose schon im Fluß ertrinken, in der Zeit verfließen, vergessen werden, und wird er dann nicht immer verfolgt, verleugnet? Und es trägt den Namen Maria, die auch das Bittere hier auf sich nimmt, weil sie weiß, daß die Eins in der Zeit dennoch in ihrem Namen wohnt.

Dieses Bittere auf sich nehmen hat also auch mit der Galle im Leib zu tun.

Dem einen langt es schon seit jeher. Der wird dann schimpfen, aggressiv werden, dem wird »die Galle hochkommen«, der wird »seine Galle verspritzen«, der wird »Gift und Galle spucken«. Der andere aber könnte so sein, daß er das Bittere schon versteht, obwohl es ihm nicht gerade angenehm ist. Aber er schluckt es. Und wieder ein anderer könnte das Bittere so erleben, daß er die Welt auf einmal versteht, daß ihm das ganze Gefüge der Liebe klar wird, daß er sogar barmherzig und liebend werden könnte. Dem ist die Galle zum Guten.

Ich denke hier auch an den Ort Mara in der Bibel (2. Mose 15,23). Gerade hat man das Wunder vom Durchzug durch das Meer erlebt; die Zeit, die 10-40 steht still, man geht durch die Zeit hindurch. Das Lied vom Wunder des Endes wird gesungen. Da gelangen sie an einen Ort, wo man das Wasser trinken, also Zeit erleben möchte. Aber das Wasser ist bitter, die Zeit ist ungenießbar.

Gott zeigt dem Mose nun den »ez«, 70-90, den Baum. Meist wird »ez« mit Holz übersetzt, was auch stimmt; in erster Linie aber heißt »ez« Baum. Er zeigt ihm den Baum des Lebens, das Wachstum im Ewigen, im Leib, im Leben.

Und sobald dieser Baum ins Wasser gelegt wird, in die Zeit hineinkommt, ist auf einmal alles »süß«, sogar schmackhaft, genießbar. Dennoch heißt der Ort Mara, also »Galle«.

Die Überlieferung im Judentum kennt vier Gallen: die schwarze, rote, weiße, grüne. Sie bezeichnen die verschiedenen Arten, wie der Mensch auf die Welt reagiert. Die Aufregung läßt sich nun einmal nicht vermeiden. Sie ist in ihm als Frucht seiner Tage; er ist, der er ist. Muß er aber immer nur an sich hier denken? Ist er mit seinem Leib nicht im Ewigen, mit seiner »nefesch«, die durch den Geist, »ruach«, mit der »neschama« spricht? Da hat er liebend Mitleid, liebt sogar seine Feinde, gönnt ihnen das Beste im Leben, gönnt ihnen die Erfahrung mit dem liebenden Gott.

Es ist die Vierheit der Gallen, also *alles* im Zeitlichen, die dem Menschen in seinem Blut zeigen, wem er gleicht. Gleicht er den gefallenen Engeln, den Bösewichtern? Er ändert sich aber auch fortwährend. Niemand ist hier ein starres Bild, auch nicht, wenn er es selber glaubt. Dazu lebt der Körper doch in der Zeit, dazu hat der Leib das Geschenk des Körpers. Er kann durch den Körper, durch dessen Erlebnisse und seine Reaktion darauf umkehren. Er kann auch fallen. Alles ist möglich. Ein jedes Leben ist die ganze Welt.

Leber und Galle bilden eine Einheit. Wie schwer wiegt bei uns das Leben im Zeitlichen, wie reagieren wir auf das Geschehen in der Welt und in unserem Leben? Wie beurteilen wir Umweltverschmutzung, Politik, wie ein Geschehen in unserer Familie, bei unseren Freunden, bei unseren Feinden? All das hängt davon ab, was wir ehren, was wir überhaupt ablehnen, bekämpfen.

So hat die Galle alle Art Farben. Manchmal ist sie ganz irdisch, ein anderes Mal irdisch, doch gütig, vergebend, dann wiederum interessiert sie das Leben hier gar nicht. Warum fragen wir uns nicht, wozu Gott den Menschen und die Welt so erschaffen hat? Der Messias, kommt er nicht auch körperlich in die Welt? Warum mögen wir diese Welt so gar nicht? Haben wir vielleicht prinzipiell etwas falsch verstanden? Soll Gott uns dann nicht »richten«, also recht machen, reparieren?

Die Galle reagiert im Leib fortwährend. Und die Leber steht im Zentrum bei der Frage, was man im Leben wichtig nimmt: Zeitlichkeit oder Ewigkeit? Vor allem dabei nicht zu schnell etwas ablehnen; denn im Zeitlichen, in der Welt, im Körper könnte das größte Geheimnis verborgen sein. Sind wir vielleicht sogar eifersüchtig, weil im Körperlichen, in der zeitlichen Welt die Entscheidung fällt? Sind wir vielleicht überheblich mit unserer »neschama«, mit unseren Worten? Deshalb wird doch auch die »neschama« von Gott gerichtet.

Ich denke an die Überheblichkeit der Brüder Josephs, die den Joseph verkaufen, veräußern an Ägypten, weil sie ihn nicht verstehen. Sie empfinden ihn als minderwertig, als nicht so wichtig. Gerade Joseph aber ist wichtig. Und Jehuda, der ihn verkaufen läßt? Ist der Messias nicht der Sohn von David, von Jehuda? Man spricht aber auch vom Messias, dem Sohn Josephs, dem Messias aus Ephraim.

Die Galle im Leib reagiert in jedem Augenblick auf die Schwere, auf die Ehre. Das alles geschieht im Verborgenen. Nur dort sind wir *ganz*, nur dort lebt die Gesamtheit aller unserer Momente und Aspekte.

Milz

Die Milz gehört auch zu den »blutbezogenen« Organen. Im Hebräischen ist das Wort für Milz »tchol«, Teth-Cheth-Waw-Lamed, 9-8-6-30. Man erklärt dieses Wort als die Geburt der Norm, des Gewöhnlichen, auch dessen, was wir Kranksein nennen.

Denn das Zeichen Teth hat Beziehung zum »Kind im Mutterleib«, zum Kind, bevor es geboren wird. Es ist das Zeichen, das die Zweiheit des Verborgenen, das dann geboren werden kann, anzeigt.

So ist in jedem Leben etwas verborgen da, das geboren werden, das Kind werden könnte. In der Welt wartet alles auf die Geburt des Erlösers. Teth ist das Zeichen, das der Mensch nach der Überlieferung am Kopf dem Gehirn gegenüber trägt. Man nennt es dort »totafot«,

Teth-Teth-Peh-Waw-Taw, 9-9-80-6-400; es bedeutet die doppelte Teth, das doppelt Verborgene.

Wir meinen, wir könnten durch das Hirn »zum Glück« vernünftig denken. Dem aber steht dort doppelt verschlüsselt gegenüber: Du ahnst nicht einmal, welche Überraschungen jenseits des Denkens dich erwarten, was Liebe alles geben kann! Du denkst, rechnest, berechnest, überlegst; die Liebe aber ist nicht zu fassen. Dein Gefäß ist dazu zu klein. – Warum denn? Nun, weil auch von deiner Liebe erwartet wird, daß sie nicht berechnend ist, z. B. in dem Sinn, daß du denkst, sie sollte dich glücklich machen. Kannst du lieben, auch wenn der Geliebte, der allein dich glücklich machen könnte, dich haßt?

Die Milz läßt also das Diesseitige, das Gewöhnliche, das Normale, geboren werden. Und wie reagierst du auf diese Geburt?

Denken wir an die Geburt des Isaak, der nach Gesetz und Berechnung gar nicht hätte geboren werden können. Sogar für seinen Vater Abraham und seine Mutter Sara war es einfach zum Lachen, daß dieser Sohn doch geboren wurde.

In der Überlieferung heißt es, daß von der »tchol«, der Milz, »das Lachen« komme.

Auch dieses Lachen gibt uns viele Fragen auf. Nach der Bibel lachte der Bruder Ismael auch (1. Mose 21,9). Sein Lachen aber ist ein spöttisches, und Ismael wird weggeschickt. Viel später kommt er zurück. Dann, wenn Isaak zum »ola« gebracht wird, wo Isaak also »aufsteigt«. Da ist Ismael eben fünfzig Jahre, *biblische* Jahre natürlich; dann ist er »ganz«, vollkommen. Sein Lachen in seinen jungen Jahren aber war ein spottendes Lächerlichmachen.

Wir kennen das auch im Gesellschaftsleben, das Höhnen und Verhöhnen, das Tuscheln oder lauthals Verkünden: Was dem passiert ist! Der mußte seinen Hut nehmen! Hatte ein Verhältnis mit seiner Sekretärin! Was seine Frau wohl dazu sagen wird? – Die hat es nicht besser verdient, die hat doch ein lesbisches Verhältnis, ha-ha-ha!

Auch das ist ein Lachen. Und es gibt dann noch die vielen Variationen des Witzlings, des Humoristen, des Berauschten, des Prassers. Und allem gegenüber der Staunende; er staunt über das Unglaubliche in dieser Welt, über das Leben. Man kann über einen Hund lachen und dabei Gott loben, daß seine Kreatur so ist.

Es ist hier auch nicht nur an das sich äußernde Lachen zu denken. Wie ist es einem wirklich zumute? Wir können schweigend, ohne einen Muskel zu bewegen, staunen, uns freuen, können etwas lächerlich finden, können innerlich Zyniker sein oder voller Ironie. Das sind Gefühle, die nur Gott kennt, die wir hier kaum vermuten können.

So sind Leber, Galle und Milz im Leib eng mit dem »Gott gleichen«, mit dem »dam«, dem Blut verbunden. Bei guter Gesundheit, »briuth«, leben in einem die Worte der Schöpfung, der »bria«, dann ist einem *alles* möglich. Das Unmögliche gehört zum körperlichen Leben; unmöglich ist normal, ist »chol«. Das Wort aber, unser Leben mit dem Wort, durchbricht dies.

Niemals aber kann man darauf abzielen. Dort sind wir von der Vernunft, von der Überlegung her wie Kinder.

Gehirn und Vernunft

Bei den bisherigen Ausführungen über das Blut, das »Gleichen«, mag man sich oft gedacht haben: Wo bleibt denn hier die Vernunft? Zeichnet der Mensch sich nicht der ganzen Schöpfung gegenüber gerade dadurch aus, daß er ein Vernunftwesen ist, daß er Verstand hat, überlegt handeln kann? Und man nimmt doch an, gerade dies sei es, was den Menschen zu einem göttlichen Wesen macht, ihn Gott gleichen läßt, seine Vernunft gegenüber aller Willkür, aller Grausamkeit. Tatsächlich wäre es unmenschlich, wenn man die Vernunft beim Menschen ausschalten wollte.

Lassen wir also auch hier das Wort selbst sprechen. Denn das Wort ist von Gott; was man sich darunter auch vorstellen mag. Das Wort ist schon in uns, und es hat keinen Sinn, die Anfänge des Wortes in der Entwicklungsgeschichte auszugraben. Die alten Sprachen sind sozusagen viel komplizierter als die neuen, entwickelten.

Das hebräische Wort für Verstand, für Vernunft ist »sechel«, Sin-Kaf-Lamed, 300-20-30. Das Zeichen Sin, die 300, ist im Äußeren, von der Form her, vollkommen gleich dem Zeichen Schin. Nur wird es anders ausgesprochen, nämlich als ß wie in schließen.

Der Unterschied scheint derart prinzipiell zu sein, daß nach der Bibel deshalb fast ein ganzer Stamm von Israel ausgerottet wird. Ich denke an das zwölfte Kapitel im Buch Richter; genau 42 000 von Ephraim, alles Männer, werden im Kampfe getötet. Und wenn Ephraim bei der Wüstenwanderung gezählt wird, sind es eben »nur« 40 500, am Ende sogar »nur« 30 500 (4. Mose 1,33 und

26,37). Und warum wurden sie beim Übergang des Flusses getötet? Weil sie anstatt *Sch*iboleth nur *S*iboleth sagen konnten. Und »schiboleth« bedeutet Ähre vom Weizen oder Strom, Fluß.

Sollten die Leute lediglich eines Sprachfehlers wegen so massenhaft getötet worden sein? Ausgerechnet 42mal Tausend?

Wir sehen also, daß das Wort für Vernunft mit einem Sin geschrieben wird. Man nennt die Sin die linke Seite der Schin. Links heißt hebräisch »smol«, geschrieben wie Samael, Sin-Mem-Aleph-Lamed, 300-40-1-30. Aber Samael ist der Name des Todesengels. »Links« ist das Äußere, zum Beispiel ein Kleid, »simla«, Sin-Mem-Lamed-He, 300-40-30-5.

Daß im Wort »Verstand« mit s gesprochen und geschrieben wird, gibt uns schon zu denken. Denn ein Tor, ein Blöder, ein Idiot heißt »sachal«. Und »sechel«, genauso ausgesprochen wie das hebräische Wort für Vernunft, Verstand, heißt »Torheit«; geschrieben aber wird es mit dem Zeichen Samech, der Sechzig. Der Name dieses Zeichens bedeutet Wasserschlange; sie ist es, die dem idealen Menschen entgegentritt, um ihn umzubringen, wird aber vom Menschen endgültig besiegt. Deshalb ist das Zeichen des Menschen die Nun, die Fünfzig, in der die sieben mal sieben durchbrochen ist. Aber dann kommt die Schlange, den Menschen zu töten, die Sechzig, die Samech. Beide Zeichen zusammen bilden das Wort »nes«, Wunder: Nun-Samech, 50-60. Das heißt, nur ausnahmsweise kann das eintreten.

Da das Wort »sechel« gleichermaßen Torheit wie Vernunft bedeutet und man deshalb Vernunft als Torheit abtun könnte, ändert man das Wort etwas ab und sagt für Vernunft oft »kessil«, Kaf-Samech-Jod-Lamed, 20-60-10-30. Ein Tor und Torheit heißt dann auch manchmal »kessel«, 20-60-30. Auch das Sternbild Orion hat den Namen »kessel«, wie »töricht«, wie »Tor«.

Das sollte uns schon zu denken geben. Nur ein Tor wäre damit gleich einverstanden.

Vernunft, Verstand wird auch »da-ath« genannt. Dann ist es lobend gemeint. Ein »baal da-ath« ist ein gescheiter Mensch, einer, der intellektuell auf der Höhe ist. Der Baum der Erkenntnis heißt »ez ha-da-ath«, also wörtlich »Wachstum der Vernunft, des Verstandes«.

»Sechel« nun wird auch für »einsichtsvoll«, »begreifend« gebraucht, auch für »erfolgreiches Handeln«, »Glück haben«, endlich auch für »belehren«, »aufklären«. Das Zeitalter der Aufklärung im Judentum wurde dann auch die »haskala« genannt, He-Sin-Kaf-Lamed-He, 5-300-20-30-5, vom Wort »sechel« also. Die der Tradition verpflichteten Juden aber sprechen sehr ablehnend von jener Aufklärung, die gerade das 19. Jahrhundert geprägt hatte.

Vielleicht kommen wir mit der Vernunft weiter, wenn wir ihr Organ im Körper vom Wort her näher betrachten. Das Gehirn, der Sitz des Verstandes und der Vernunft, heißt hebräisch »moach«, Mem-Cheth, 40-8. Das Zeitwort dazu – und jetzt wird es erst richtig schwierig – ist »macha«, Mem-Cheth-He, 40-8-5, das vertilgen, ausradieren, abwischen, wegwischen, verhindern bedeutet. Als ob das Hirn also etwas äußerst Wichtiges verhindern will, als ob es das Essentielle auswischt, wegradiert.

Deshalb komme ich jetzt zurück zum Baum der Vernunft, des Wissens, der Erkenntnis, wobei wir auch nicht recht einsehen können, was denn eigentlich so böse daran sein kann, seine Frucht zu nehmen. Es sieht so aus, als ob Gott eifersüchtig wäre, es uns nicht gönnt, uns dumm halten möchte. Und so wird der Fromme auch oft als der Einfältige, als der etwas Dümmliche angesehen, dem man alles vormachen kann. Der Gescheite ist sich zu gut für so etwas wie Frömmigkeit; er weiß es doch gewiß besser. Man denke nur zum Beispiel an die Überheblichkeit der Naturwissenschaften.

Hier muß also ein Grundfehler in unserer Art der Betrachtung der Welt stecken. Vielleicht ist es die Grundsünde, der wir alle verfallen sind. Deshalb müßte es sich lohnen, zu unserer Vernunft eine richtige Beziehung zu bekommen. Denn unvernünftig, das spüren wir gut, dürfen wir nicht sein. Das Hirn sitzt doch im Haupt. Und das Haupt ist in vielerlei Hinsicht die Haupt-sache.

Schon das erste Wort der Bibel, fast durchweg ganz unzulänglich übersetzt mit »Im Anfang«, lautet eigentlich: »In der Hauptsache«. Denn die Hauptsache ist, daß *Gott* Himmel und Erde erschafft. Das Wort »rosch«, Resch-Aleph-Schin, 200-1-300, ist Stamm des ersten Bibelwortes »bereschith«, Beth-Resch-Aleph-Schin-Jod-Taw, 2-200-1-300-10-400. Im »rosch« ist also der »moach«, das Gehirn. Wir wollen uns also zuerst einmal von den Worten und von der Geschichte der Bibel her dem Problem der Vernunft nähern. Uns interessiert doch hier die Beziehung zwischen Leib und Körper. Und erfahren wir dabei nicht, daß beide eigentlich »eins« sind, dasselbe sind?

Ich habe in dieser Schrift schon einige Male auf die Zweiheit im Leben hingewiesen, auch auf die Dualität der beiden Bäume in der Bibel, dem Baum des Lebens und dem Baum der Erkenntnis von gut und böse. Und wir kennen den Baum als Gewächs. Kein Baum ist auf einmal da. Er hat in der Zeit irgendwo einen Anfang gehabt, als Saat, und dann hat er sich durch die Jahre entwickelt, bis er zum großen, starken Baum wurde.

Er ist in der Zeit gewachsen. In der Saat ist der Baum schon da. Nur die Umstände der Entwicklung lassen ihn in der Zeit, in der Welt der Erscheinungen, wachsen. Manchmal kommt der Baum vielleicht gar nicht zustande. Die Saat fällt auf Stein oder wird von den Vögeln gefressen. Dennoch lebt in der Saat das Leben von vorher. Ob und wie es hier wächst und gedeiht, kann keiner wissen.

Deshalb ist das Wort für Baum dem Laute nach fast gleich wie das Wort für Zeit: »ez«, Baum, und Zeit, »eth«; manchmal auch wie »eß« gesprochen. »Ez« schreibt sich Ajin-Zade, 70-90, und »eth« Ajin-Taw, 70-400. Und 400 hat ein merkwürdiges Verhältnis zu 90, es ist nämlich ohne Ende 4,44... mal 90. Der Buchstabe Zade in »ez« bedeutet »das Fangen«, eigentlich das aus dem Wasser Herausholen, ein Fischhaken. Und das Zeichen Taw ist einfach das letzte Meßbare, das letzte konkret faßbare Ende. Eigentlich die Grenze zum Unendlichen. Die Taw kann eigentlich die Zade, den Fischer, den Zaddik nicht fassen.

Die Ajin, die Zahl 70, haben wir schon als »Auge«, als »Quelle« kennengelernt. Die 70 gibt also an, daß sie Quelle, Ursprung ist. Das Auge könnte oberflächlich urteilen, indem es nur gelten läßt, was es sieht.

Beim Baum, »ez«, der als zweites Zeichen die Zade hat, heißt es: Du könntest beim Betrachten des Baumes »aus dem Wasser gefischt« werden, aus der Gefangenschaft in der fließenden Zeit als einzigem, was du kennst, befreit werden. Bei der Zeit, »eth«, läuft die Ajin, die Quelle, auf das Zeichen Taw aus, auf das Unendliche, auf das am weitesten Meßbare.

Nun heißt der eine Baum in der Bibel der Baum des Lebens, der andere aber Baum des Wissens oder Baum der Vernunft, wie man das Wort »da-ath« übersetzen kann. Sehr merkwürdig ist dabei, daß der Baum der Erkenntnis genau viermal die Zahl vom Baum des Lebens ist. Zusammen aber sind sie fünfmal diese Zahl, und der Baum des Lebens ist die Quintessenz von beiden.

Schon jetzt könnte man sagen, daß der Baum des Lebens dem Begriff des Leibes näher steht. Denn das Leben umfaßt doch auch an erster Stelle als Quintessenz die Gefühle, Wünsche, Träume, Hoffnungen, Glaube, Liebe. Der andere Baum zeigt das Bewerten dessen, was in der Zeit und im Raum erscheint. Die Sicht dieses Bewertens nimmt auf uns keine Rücksicht, fragt nicht danach, ob es uns paßt oder nicht, ob wir es fassen können oder ob es unerfaßbar bleibt, also auch außerhalb der Möglichkeit des Bewertens. Für uns bedeutet das dann, daß es wissenschaftlich nicht feststellbar ist. Wenn wir aber durch alle die Grenzen, die uns auferlegt sind, aggressiv werden, sagen wir einfach: Das gibt es nicht. Wer Gegenteiliges behauptet, ist ein Betrüger!

Natürlich muß man so etwas oft sagen, wenn man das Körperliche für »alles« nimmt. Dann ist das Leben voll von Beschränkungen, dann ist man oft selber »beschränkt«.

In der Geschichte der Bibel steht der Mensch vor diesen beiden Bäumen, dem Baum mit der Zahl »Eins« und dem Baum mit der Zahl »Vier«. Und nun ist die

Anziehungskraft des zweiten Baumes wie die Wirkung der Schwerkraft: Der Mensch »fällt«. Das ist normal, also »chol«, aber eben auch »krank«, und damit auch sterblich. Denn das Meßbare hat Grenzen. Die Schönheit der Harmonie besteht darin, daß Grenzen da sind.

Mit diesem Fallen ist der Weg zum Baum des Lebens unerreichbar geworden. Denn damit hat der Mensch die Vernunft, »da-ath«, angenommen, dann hat er »sechel«, Vernunft, Verstand bekommen; ist aber dann auch ein Tor geworden.

Den Baum des Lebens bewachen nun die beiden Cherubim, die Engel mit Kindergesichtern. Das Kind, heißt es, hindert den Menschen, das Leben zu erlangen; das »sich wälzende Schwert«, wie es dort genannt wird, läßt es nicht zu. Das Schwert zerschneidet das Ganze in Teilchen, tötet damit das Ganze. Schwert, »cherew«, Cheth-Resch-Beth, 8-200-2, ist Stamm vom Wort »chorban«, 8-200-2-50, Verwüstung. Weil es eben das Ganze zerbricht, zerschneidet. Und das mit »wälzen« übersetzte Wort, »lahat«, 30-5-9, zählt 44, wie »dam«, Blut, 4-40. Aber hier wird das Ganze in unendlich viele Stücke geteilt; in Zeitmomente, in Orte, in Schichten, in Generationen, Völker, Kulturen, Religionen.

Der Mensch hat aus dieser Not eine Tugend gemacht. Er hat jetzt Objekte für seine Wissenschaft, für seine Wichtigkeit, für seine Leber, für seine Ehre.

Der andere Baum steht dann verlassen. Er *kann* überhaupt nicht erreicht werden. Wie man sich auch bemüht, es geht nicht.

Denn bei jeder Begegnung, bei jedem Buch, bei jedem Erlebnis, bei jedem Traum, bei jedem Wunsch geht es um die Frage: Suchst du Ewigkeit, suchst du Gott, suchst du Liebe? Oder suchst du Wichtigkeit, suchst du, daß man Gewichtiges von dir sagt, suchst du die Masse, suchst du alles Irdische? Wenn du ersteres über den Weg des letzteren suchst, dann findest du es niemals. Wenn du nur letzteres suchst, geht es dir genauso.

Hast du nicht die Freiheit? Du bist für Gott sein Gleichnis, im Sinne der Freiheit zur Liebe ebenbürtig. Wenn du am Baum der Erkenntnis vorübergehst, ohne ihn gleich begierig wahrzunehmen, dann könntest du ohne weiteres den Baum des Lebens erhalten. Warum steht der Baum der Erkenntnis im Wege? Damit du ihn aus Liebe eben nicht wahrnimmst. Was aber bedeutet diese Liebe?

Meist verbinden wir mit der Liebe ein Objekt. Selber will man dabei etwas machen oder bewirken; das Gefühl, man opfere sich liebend auf, tut einem wohl. Dann aber ist es keine Liebe, dann hat man schon längst die Frucht vom Baum der Erkenntnis genommen.

Was aber wäre dann Liebe? Zum Beispiel unbewußt das Leben eines unbekannten Tieres mitleben, sich einleben, kurz nur, aber vielleicht mit ganzer Hingabe. Beim eigenen Tier verdrängte wieder nur das Ich des Besitzers das Tier, um das es geht. Liebe wäre vielleicht auch, sich auf diese Weise für Menschen zu interessieren. Mit Geld zu helfen ist ja ganz schön und sehr wichtig, aber Gott sorgt sich schon um jeden, auch wenn er verhungert. Du aber könntest ganz mitleben mit ihm, seine Sorgen oder sein Glück teilen.

Schalte dich als Wohltäter erst einmal aus. Lebe mit der ganzen Welt mit, überall, in allen Zeiten. Sei persönlich in deinen Interessen mit der ganzen Welt verbunden. Soll nicht das Herz den ganzen Körper durchbluten? So durchblutest du in deinem Leib, in deinem Leben die ganze Welt.

Ich aber, was soll ich nun tun?, lautet dann die Frage. Eine Antwort vom Baum des Lebens, von der Entwicklung, vom Wachstum der Intensitäten in deinem Leben, wäre: Hast du kein Vertrauen, daß du aus der Quelle der Ewigkeit, der ewig fließenden Quelle durch dein Auge, deine Quelle, schon genau siehst, was du tun kannst und wirst? Denn aus dem Leib kommt doch alles Tun!

Der Baum des Lebens ist deshalb der Baum des Seins, der Baum der Erkenntnis ist der Baum des Werdens, der Zeit. Aber im Sein ist das Werden schon einverleibt. Das Sein ist doch Vergangenheit, Gegenwart, Zukunft. Du brauchst dich im Sein nicht um das Werden zu sorgen. Dort siehst du nur Grenzen. Du kannst niemals Menschen am anderen Ende der Welt helfen. Du kannst nicht einmal Leuten aus deiner Familie helfen, aus deiner Straße, aus deiner Religion. Du hättest keine Zeit, nicht genug Energie oder Mittel. Dein Tun ist, wie alles hier, begrenzt.

Dein Leib aber füllt die ganze Welt in Zeit und Raum. Und was auch immer du hier tun kannst, wird dich schon vollkommen glücklich machen. Weil du weißt, Gott sorgt für die kleinsten Insekten wie für die Riesentiere, Gott sorgt jeden Moment für alle Menschen. Denn Gott ist auch das Sein, sein Name stammt von »howe«, vom immer gegenwärtigen Sein.

Wenn das Ewige uns anzieht, werden wir schon so manches tun. Wir können und wollen dann die Folgen unseres Tuns hier nicht sehen. Aber gerade aus dem Sein haben wir den Glauben und damit auch das Vertrauen, daß Gott unser Tun schon auf der ganzen Welt wirken läßt. Infolge unserer Begrenzung können wir hier sowieso nicht nachvollziehen, wie unser Einfluß ist. Wir wollen das auch nicht. Denn wir haben das Vertrauen, daß Gott unsere Sehnsucht nach Ewigkeit und nach Liebe schon richtig versteht und nach allen Seiten wirken läßt. Denn beim Baum des Lebens gelten Qualitäten und nicht nur Quantitäten. Wir vertrauen schon darauf, daß Gott das Beste daraus macht.

Wer so in seinem Leib lebt, erhält vom Himmel hier gewiß sein tägliches Brot. Wie das Manna auch täglich jedem kommt, genau nach seinen Bedürfnissen. Wonach er sich sehnt, das wird erfüllt.

Dann kommt dem Menschen auch vom Leib die Vernunft, der Verstand; und auch diese genau nach seinen Bedürfnissen. Er macht schon genau das, was er an diesem Tag, an jedem Tag braucht. Ob er sich sehr anstrengt oder wenig, er erhält sein Quantum an Manna, an himmlischem Brot. Nicht nur das materielle, sondern vor allem auch, was sein Geist, was seine Seele braucht.

Gott lenkt es schon, daß wir gerade dem Menschen begegnen, der uns heute dies oder jenes sagt, daß wir zufällig ein Buch aufschlagen und etwas Entscheidendes finden. Gott lenkt schon, ob wir müde sind oder aktiv, ob wir viel lesen oder wenig, ob uns Einfälle kommen, ob wir Schönheit wahrnehmen. Es heißt doch auch im Buch »Sprüche«: »Die ›reschith‹ (die Hauptsache) aller Weisheit ist die ›jirath ha-schem‹ (das Staunen über den Herrn)«. Es ist unfaßbar für uns im Finsteren, aber nur mit dem Ausbruch aus dem Zeitlichen, mit dem aus dem Zeitlichen Gefischtwerden, geraten wir in eine Bereitschaft, himmlische Nahrung aufzunehmen. Wie ein Säugling die Nahrung von der Mutterbrust erhält, so erhalten wir die Nahrung vom Himmel.

Dann sind wir »wie die Kinder«, dann sind wir die »Säuglinge im Lehrhaus«. Denn dann wirkt unsere Vernunft nach der ewigen, nach der göttlichen Weisheit. Wir bemerken es erst hinterher, damit uns nicht das Gefühl überkomme, wir hätten das gut gemacht. Wir können dann nur bescheiden staunen, daß es uns so kam. Ständig wachsend erleben wir den Baum des Lebens und essen seine Früchte täglich wie das Manna. Manna, hebräisch »man«, bedeutet nichts anderes als die staunend gestellte Frage »man hu«: »Was ist das?«, »was ist er?«

Wenn wir aber *unser* Urteil vorziehen, und das geht ganz unbewußt, dann haben wir den Baum des Wissens gewählt. Und dann stehen die Cherubim im Wege. Ihr Schwert macht aus dem Ganzen die Splitter. Sie radieren das Wesentliche, das Ewige bei uns aus. Bewußt können wir dann nichts dafür. Die Engel mit den Kindergesichtern – und Gesicht, »panim«, ist wie das Innere, »penim« – verhindern es. Denn die Kinder saugen das Wort aus dem Himmel, deshalb lassen sie uns eben nichts, gar nichts verstehen.

Daher heißt das Instrument unserer Vernunft »moach«, wie »macha«, ausradieren, auswischen. Im Gehirn ist nur das Zersplitterte da. Wir können viel wissen, werden dann vielleicht genial genannt; aber das Auge, das vor Gott staunt, »jira« vor Gott hat, ist nicht mehr da, ausgewischt. Während die Augen für das Äußere schon klar sehen, aber eben nur das Äußere, die Haut. »Or« wie »iwer«: »Haut«, 70-6-200, wie »blind«, 70-6-200. Da hilft kein Überzeugen, da hilft kein Studium. Es scheint, daß solche Menschen nicht mehr zugelassen sind. Sünde wider den heiligen Geist nennt man das in christlichen Kreisen. Es ist wie eine Krankheit, die einen befallen kann.

Das Gehirn wird nur konstatiert. Man weiß, daß es perfekt kausal und logisch denken kann, wie ein Supercomputer. Schachwunder, Rechenwunder, Talmudwunder; Leute mit »eisernem Kopf«, wie sie in jüdischen Kreisen genannt werden. Aber alle Opfer der Schlange beim Baum des Wissens, bei der Entwicklung im Werden, im Wachstum unserer Wissenschaften.

Die Menschen vom Baum des Lebens haben aber immer *auch* das Wissen. Die Quelle ist dann aber nicht das Gehirn, sondern das Gehirn wird von der Frucht vom Baum des Lebens genährt. Dann funktioniert es noch unvergleichlich besser als das der Genies, als das der Hochgelehrten.

Deshalb habe ich gerade beim Blut, beim Gleichnis Gottes die Vernunft erwähnt. Welche Art Vernunft?, muß man sich fragen. Die Vernunft vom Baum des Lebens oder die vom Baum der Erkenntnis? Das sind zwei einander gegenüberstehende Arten der Vernunft. Die eine macht vielleicht die Atombombe, die andere findet vielleicht aus der ewigen Sehnsucht her das Wunder des Wortes. Die eine kann dann meist Massen verwirren, erschrecken, begeistern, die andere könnte bescheiden, verborgen ihr Dasein fristen, dennoch aber für die ganze Welt, für die ganze Menschheit entscheidend sein.

Im Leib ist das Haupt die Hauptsache. Mit dem Gehirn, das dann wie ein Säugling das Wort vom Himmel erhält. Im Körper, im Zeitlichen also, kann das Gehirn die Führung übernehmen, weil es sich durch die »Sünde«, durch den Baum der Erkenntnis in seiner Funktion geändert hat. Das Hirn hat dann alles andere ausgewischt, vernichtet. Und der Verstand ist dann dem Wort gemäß gleich der Torheit.

Die weibliche Scham

Da wir mit Leber, Galle, Milz und Magen in den Unterleib des Menschen abgestiegen sind, möchte ich jetzt auch die Geschlechtsorgane besprechen.

Wir sahen schon, daß das »min«, die Art, auch die Geschlechtlichkeit bedeutet. Und wir haben gesehen, daß Gebärmutter, »rechem«, dem Wort »erbarmen«, »rachem« gleich ist.

Das Geschlechtsorgan der Frau wird in der Tradition des Judentums »mekor«, Mem-Kof-Waw-Resch, 40-100-6-200, genannt. »Mekor« bedeutet ebenfalls Quelle. Aber nicht eine sprudelnde Quelle wie die Ajin, »maajan«, 40-70-10-50, sondern eher eine Quelle als Ursprung. Einen »makor« nennt man auch einen Urtext, eine Urform, eine sprachliche Wurzel.

Dieses weibliche Geschlechtsorgan, kurz auch die Scham, ist der Ort im Körper, woher alles stammt, was hier körperlich erscheint. Und im Leib ist es der Ort, woher alles überhaupt in die Welt kommt. Ich habe schon darauf hingewiesen, daß der Name des Herrn, das Tetragramm mit dem Stamm »howe«, ein weibliches Wort ist. Im Leib natürlich, im Leben.

Die »rechem« mündet in diesen »makor«, Urform

allen Lebens, Urform also auch aller Formen. Es ist die Mutter an sich.

Entsprechend ist es das Geheimnis der Frau. Und Geheimnis bedeutet: Fundament, Wurzel von allem. Es kann sich also nicht zeigen, bleibt verborgen.

Deshalb kann man damit nicht kokettieren. Das wäre ein Demonstrieren des Geheimnisses. Als ob man Frömmigkeit, Güte, Bescheidenheit demonstrieren könnte.

Keuschheit heißt im Hebräischen »zniuth«, Zade-Nun-Jod-Ajin-Waw-Taw, 90-50-10-70-6-400. Es kommt vom Worte »zanua«, 90-50-70, das in erster Linie »bescheiden«, dann aber auch »heimlich«, »verborgen«, »unauffällig handeln«, »aufbewahren« bedeutet. Frömmigkeit wie Keuschheit: Keiner soll und kann sie bemerken. Selbst die Keusche soll sich selber nicht bewußt sein, daß sie keusch ist. Denn jedes Bewußte, Absichtliche enthält die Gefahr der Sünde vom Nehmen der Frucht vom Baum der Erkenntnis.

Im Leib der Frau ist der »makor«, die Quelle allen Lebens. Und dort ist er, dem Wort nach, auch vollkommen verborgen. Nur durch absichtslose Liebe kann man dem Verborgenen näherkommen. Gott, dem Verborgenen, kann man sich nur durch persönliche Liebe und intimes Vertrauen nähern. Und das kann nur in unbewußter Verborgenheit geschehen. Hier ist die Wurzel jeder keuschen Liebe.

Die Gefahr besteht darin, gerade diese Keuschheit zu veräußern. Das fortwährende Reden davon und der Nachdruck, den man darauf legt, bringt am Ende eben die Katastrophe mit der Schlange. Dann geschieht die von der Frau fast erwartete, ja erhoffte Vergewaltigung.

Wie im Paradies fällt damit auch der Mann, fällt die ganze Kreatur. Es heißt, die Frau hätte sich nicht in ein Gespräch mit der »nachasch«, der Schlange, einlassen sollen.

Der Leib der Frau mit dem »mekor«, der Quelle allen Lebens, umfaßt die ganze Welt. In der Bibel nennt Adam sie auch »em kol chaj«, »Mutter allen Lebens«. Und gerade die Quelle dieses Lebens ist verborgen, ist, wie der Baum des Lebens, wie also das Leben überhaupt, nie über den Baum des Wissens, nie durch Studium, durch Anhäufung von Wissen, nie durch kausale oder logische Überlegungen zu erreichen. Das ist die Art vom Baum des Wissens und wird Sünde genannt. Denn man ist dabei verschlossen für das Vertrauen in Gott, in die Liebe. Man studiert, rechnet und berechnet nur.

Der Frau als »Mutter allen Lebens« entspricht alles in der Welt Erscheinende. Wenn die Frau beim Baum auf die Schlange hereinfällt, fällt mit ihr die ganze Welt. Eine keusche Frau ist keine prüde Frau, sondern eine verborgene. Mit der Frau, in der Quelle der Frau erscheint die Welt und das Leben erfaßbar. Und das ist eben die Vergewaltigung, das Unrecht.

Die Erde wird ausgebeutet, man glaubt, man kann alles mit ihr tun. Wie die Frau läßt die Welt alles zu, läßt das Leben sich studieren und analysieren. Das Geheimnis wird geschändet. Aber man hat dann nur die Frucht vom Baum der Erkenntnis, die Frucht vom Wachsen des Wissens. Das wirkliche Geheimnis ist aber im Baum des Lebens. Und zu dem ist der Weg versperrt. Es fehlt diesen Menschen die Wellenlänge, das Geheimnis des Lebens, das Geheimnis vom Wort auch nur zu ahnen.

Die Frau wird krank, und mit ihr die ganze Welt.

Verseuchung im Materiellen wie im Psychischen, in der
»nefesch«. Wie eine Pest breitet sich die Infizierung der
Welt weiter und weiter aus. Der Lebenssinn geht verloren, weil kein Mensch mehr vom Geheimnis weiß. Man
meint, im Sinne der Schlange, ein Geheimnis sei durch
Schlauheit zu überwältigen. Und man kennt die Liebe
jetzt nur als eine Sache, die Vorteil bringt. Daß Liebe ein
Opfer sein kann, gilt als unsinnig, als verrückt, darüber
kann man dann nur lachen.

Und wie immer beim Fallen beschleunigt sich der
Prozeß; es geht immer schneller, es wird immer mehr.
Rekordjagd, Messen in Hundertsteln von Sekunden,
asymptotisch. Man hat sich damit abgefunden, daß es
Grenzen gibt, betäubt sich mit modischen Fantasy-Produkten, die Grenzenloses vorgaukeln. Vergessen ist, daß
es um eine Rückkehr, ein »Lebendigwerden der Toten«
geht, daß das Erlebte neu, gerichtet, frisch wieder da ist.
Und alle Heilmittel, die man kennt, sind immer nur die,
welche die Schlange und der Baum der Erkenntnis geben können. Am Ende entwickelt sich die Frau, und mit
ihr die ganze Welt, zum Bild der Hure von Babylon. Sie
will keine Frau mehr sein, weil sie auch einsieht, daß es
für sie keinen Sinn mehr gibt. Liebe ist so weit und
unerreichbar wie der Baum des Lebens. Der Mann mag
diese Frau nicht mehr, und sie mag den Mann nicht
mehr. Es hat sich alles als Staub erwiesen.

Ich hoffe, man versteht die Entsprechung, die Parallelität von Weiblichem und Erscheinendem in der Welt.
Keuschheit, »zniuth«, und Verborgenheit wollen gerade
auf ein Geheimnis hinweisen; der Hinderer und der
Vergewaltiger aber wollen die Aufmerksamkeit auf das
Äußere lenken. Auf das Äußere der Frau und auf das

Erscheinende in der Welt. Die keusche Frau ist daher unbewußt keusch, die Welt hält ihre Geheimnisse von selber verborgen. Die Frau kann nur von einem Mann vergewaltigt werden, den die Schlange lenkt, der demgemäß die Welt betrachtet und ihre Freuden genießt, den Wein zum Beispiel, oder die Macht, die Gesellschaft, die Wissenschaft.

Die Frau, die kokettiert, spielt das gleiche Spiel der Schlange wie der Mann, der sie zu erobern sucht. Auch die Welt könnte, indem sie ihre Geheimnisse preisgibt, provozierend wirken. Die keusche Frau entzieht sich schamhaft; die keusche Welt läßt im Menschen nicht zu, daß er sie ausbeutet. Der Mann trägt dann die Schuld als Vergewaltiger.

Das alles ist ein Geschehen im Verborgenen, im Leib. Der Körper kennt die Keuschheit nicht, wie sie die Tiere auch nicht kennen. Der Mensch mit seiner »neschama« schämt sich seiner Nacktheit, seit er von den beiden Bäumen in Eden weiß. Oder er kennt sie als Provokation.

So kann auch Wissenschaft unkeusch sein. Wie tritt man der Welt gegenüber? Sezierend? Oder in staunender Suche nach ihrem Sinn, weil man sie von Gott geschaffen erlebt? Begegnet man der Frau von Mensch zu Mensch, begegnet man in ihr dem Geheimnis vom Wunder der Frucht, vom Wunder des Kindes? Immer hat man die Wahl, denn man hat die Liebe in sich. Und Liebe ist es, die die Freiheit der neuen Welt trägt. Damit ist der Mensch gerade im Bild und Gleichnis Gottes.

Das männliche Glied

Der Geschlechtsteil des Mannes hat auch keine biologische oder anatomische Benennung. Weil es auch und gerade hier um das Geheimnis des Lebens geht, stammt sein Name vom Leib. In der Tradition nennt man ihn die »mila«, Beschneidung, oder das »oth brith kodesch«, Zeichen des heiligen Bundes.

Natürlich wird die lärmende Masse meinen, man wolle sich damit um etwas Obszönes herumdrücken; gespielte Keuschheit also. Der wahrhaft Keusche aber denkt ganz von selbst nicht an Nur-Anatomisches.

Ich möchte den Begriff der »mila« in diesem Zusammenhang noch einmal darstellen. »Mila« nennt man die Beschneidung; und gemeint ist damit im Wort, daß die »orla« weggenommen wird. Die »orla« bedeckt, umhüllt die Stelle, woher der Samen zur Frucht gespendet wird. Es geht also darum, daß nicht das Äußere, das Umhüllende zählen darf, sondern das Innere. Das Zeitliche darf beim Samen nicht das Wesentliche bedecken.

Die »mila« geschieht dem Abraham, wenn er glaubt, daß Gott ihm dennoch einen Sohn schenken wird. Nach dem Äußeren, nach dem Gesetz, wäre dieser Sohn unmöglich. Da Abraham aber glaubt, kommt der Sohn doch. Deshalb ist von da ab dieses Zeichen da: Nimm das Äußere weg, dann erhältst du vom Wesentlichen alles. Das Äußere, das Erscheinende verführt. Die Wahrheit kann nur durchbrechen, wenn du das Äußere wegnimmst.

Deshalb heißt die »mila«, heißt diese Stelle »Zeichen vom heiligen Bund«. Der *heilige* Bund ist, daß *alles* durch den Glauben kommen kann. Dann kommt das

Wesentliche immer durch. Die Kinder Abrahams tragen dieses Zeichen vom Wahrwerden dessen, was man glaubt. Gib acht, will es sagen, daß das Wesentliche nicht vom Zeitlichen, vom Vergehenden verschüttet wird.

Deshalb ist die »mila« vor allem ein Zeichen am Leib. Dort, wo der körperliche Samen der Zeugung für Kinder hier herkommt, könntest du denken: Es ist ja alles nur zeitlich; man stirbt, die Generationen vergehen. Tatsächlich sieht es so aus. Gerade deshalb soll man sich nicht vom Äußeren betören lassen. Es *bleibt* im Wesentlichen alles. Jeder hat die vergangenen Generationen in sich, ebenso die kommenden. Glaubt es nur. Denn das ist das Zeichen vom Baum des Lebens. Wenn du nur an das Hier glaubst, siehst du überall Tod. Generationen kommen, Generationen gehen. So sieht die Welt vom Baum der Erkenntnis aus.

Mit dem Baum des Lebens lebt *alles*, denn dieser hat das Zeitliche *auch* in sich. Aber nur als Teil des ganzen Seins. Deshalb ist bei der »mila« nicht die ganze »orla« weggenommen; es bleibt ein Stückchen erhalten, das zurückgeschlagen ein Zeichen ist, daß das Zeitliche nicht verloren geht. Es ist dann im Ewigen einbeschlossen.

Wer von der »mila« nur im Zeitlichen, als einem chirurgischen Eingriff weiß, der ist dem Baum des Wissens unterworfen. Die »mila« ist biblisch bedingt, also am Leib vollzogen. Daß sie ein Zeichen auch am Körper ist, zeigt nur, daß die Unterscheidung zwischen Leib und Körper verheerend ist, daß es hier nicht um eine Alternative geht, nicht um ein Entweder-oder, sondern daß beide eins sind, wir hier in der Welt aber nur das eine sehen können. Das andere ist genauso wirklich; nur wird es hier im Sinne von Abraham geglaubt. In der wahren Welt aber sind beide das gleiche. Durch den Baum der Erkenntnis kam die Spaltung. Das Wort, der Baum des Lebens aber, bringt sie zur Einheit.

Es ist klar, daß es hier nicht um weltliche Fakten geht, um Rasse, Volk, Religion, sondern daß dies alles nur als Einheit erlebt werden kann, mit der ganzen Menschheit. Jeder Mensch kann das gleiche in seinem Leib erleben.

Durch die »mila« ist das Geschlechtsleben auch nur im Verborgenen möglich. Es ist ein Geschehen im Leib. Es hier irgendwie zeigen, wäre die Sünde vom Baum der Erkenntnis. Das alles steht ganz im Gegensatz zur heutigen Praxis in der Welt, wo das Geschlechtsleben sogar einen zentralen Platz einnimmt, im Körperlichen und in der Psychologie. Man muß dann wissen, daß eine solche Einstellung der Vergewaltigung der Frau durch die Schlange entspricht. Die Folgen für die Betreffenden und für die Gesellschaft sind auch schon zur Genüge bekannt.

Durch die »mila« wird im Sinne vom Baum des Lebens Ewiges geschaffen. Weil »mila« und Glaube aus der gleichen Wurzel herkommen. Auch »das Wort« wird »mila« genannt. Nur schreibt sich »mila«, Beschneidung, also das ganze Organ umfassend, als Mem-Jod-Lamed-He, 40-10-30-5, während »mila«, Wort, Mem-Lamed-He, 40-30-5, geschrieben wird. Die Jod, die 10, gilt nur als Vokal.

So sehen wir die menschliche Fruchtbarkeit dort, wo das Äußere zugunsten der Hauptsache weggenommen ist, auch im Wort. Nicht nur Kinder körperlich, sondern auch Worte als Kinder. Und diese, wenn sie aus dem Geist des Baumes des Lebens geboren sind, sind schon hier ewig, während sich die irdischen Kinder hier im Leben noch bewähren müssen. Denn die Freiheit erwartet von jedem Menschen, daß er seinen Weg selber findet. Da kann Herkunft nicht helfen, da kann nur der Glaube sein.

Die Erhaltung und Behauptung des »min«, der Art, ist also die eine Seite des Geschlechtstriebes, »jezer hamin«. Die andere Seite ist die Beziehung zur Ewigkeit, der Bund zwischen der Welt der Zeitlichkeit mit der Ewigkeit. Das ist ebenfalls Sinn der »znua«, der Keuschheit, und der »mila«.

Daß diese beiden eins sind, erhofft sich der Mensch als Überraschung der endgültigen Erlösung. Im Leib des Menschen lebt die Sehnsucht nach dieser Einheit als hauptsächlicher Sinn des »min«, des Geschlechtlichen. Für Mann und Frau gilt der Gedanke der »znua«, der Verborgenheit des Ganzen, als entscheidend. Der Fromme ist bescheiden, ist keusch, lebt aus seiner Verborgenheit.

Der Körper in seiner Beziehung zum Leib

Wir kommen nun zu den Gliedern des Menschen, die im Wort oft wesentlich sind. Und schließlich wollen wir uns auch klarwerden, was der Körper im Wort sagt. Denn es geht uns vor allem auch um die Beziehung zwischen Leib und Körper.

Ein Wort für Körper ist »gaw«, Gimmel-Waw, 3-6.

»Gaw« bedeutet auch Rücken, denn der Rücken ist körperlich sprechender. Das Gesicht hat schon sehr viel vom Leib. Auch das Wort »gwia«, Gimmel-Waw-Jod-He, 3-6-10-5, ist Name für den Körper. Es ist, bis auf die Endung, gleich geschrieben wie das Wort für Volk, »goj«, Gimmel-Waw-Jod, 3-6-10. Mit »goj« ist jedes Volk gemeint, obwohl man im Sprachgebrauch eher einen Nichtjuden darunter versteht. Das gilt für die Bibel aber nicht; es sei denn, der Zusatz »andere« steht bei Völker dabei.

Der Körper ist der erscheinende Leib. Auch ein Leichnam heißt »gwia«. Und ein Sterbender, ein Hinscheiden, eine Agonie wird »gwia« genannt, dann aber etwas anders geschrieben, nämlich Gimmel-Waw-Jod-Ajin-He, 3-6-10-70-5. Man erkennt also den Körper als Subjekt und Objekt des Sterbens.

Die »nefesch«, der Leib, stirbt nicht, sondern kommt in das Bündel des Lebens, in das »zror ha-chajim«, Zade-Resch-Waw-Resch, 90-200-6-200. »Zarur« bedeutet auch eingewickelt, aufbewahrt. Das Lebensbündel ist nicht nur verbunden mit allem Leben, mit allem, was »nefesch« ist, sondern faßt auch alles, was man erlebt hat, mit zusammen. Das zeigt sich manchmal als blitzartiges Erinnern an alles, was man erlebt und gehört hat. Diese Erinnerung ist keine aktive Leistung; denn dann käme man wohl nicht weit.

Es ist eine unbewußte Erinnerung. Das betäubte Hirn scheint die Eigenschaft des Ausgewischtwerdens zu durchbrechen und bringt viel mehr hervor. Auch »Erinnerungen«, die man selber nie erlebt hat. Manchmal sogar solche aus anderen Leben, die man im Bewußten nicht gekannt hat. Wie uns auch oft Träume kommen. Wenn man aber bedenkt, was der Mensch als Erbmasse, als Gene in sich trägt, dann wird einsichtig, daß solche Anwesenheiten manchmal in unser Bewußtsein durchdringen.

Es tut sich hier ein Gebiet fast unbegrenzter Spekulationen auf. Alles könnte wahr sein, man kann sich alles vormachen oder vormachen lassen. Der Leib kann nicht von uns aus dirigiert werden. Das Ewige kann vom Zeitlichen nicht gezwungen werden. Das Zeitliche aber kann immer besessen werden. Vom Ewigen, von Geistern, Dämonen.

Das ist vor allem auch der Fall, wenn man das Zeitliche als Ausgangspunkt nimmt. Besessenheit ist ein Sichöffnen für Geister, die kommen, wenn man sich dem Baum des Wissens überläßt. Dann kommt eine Technik, die Verbindung mit dem Jenseitigen sucht. Aber es ist dann nie der Baum des Lebens. Der ist und bleibt verborgen. Wohl aber kommen die Geister aus dem Bereich vom Baum der Erkenntnis, aus dem Bereich der Schlange, Geister, die eben das Sterbliche zeigen. Sie sind die Gegenseite des Guten, sie sind die Neider des Lebens. Sie verwirren auf alle möglichen Arten.

Sie machen uns zum Beispiel blind, taub, stumm oder gelähmt. Das heißt, gerade im Leib bewirken sie das. Der Körper wiederum kann darauf dann auf allerlei Arten reagieren. Es läuft jedenfalls darauf hinaus, daß der Mensch dann nichts einsieht, daß sein Interesse sich nur auf Sinnlosigkeit richtet, daß er nicht hören, nicht verstehen kann, wenn etwas in Worten der Ewigkeit verlautet, daß es ihm nicht möglich ist zu sagen, was ihn eigentlich drängt. Und daß er überhaupt keinen Weg im Leben hat, daß alles irgendwie in die Irre geht.

Das alles sind die Folgen, wenn man denkt, mit der Frucht vom Baum der Erkenntnis leben zu können. Es sind viele, und in jedem Leben machen sie oft das meiste aus. Bewußt ist das nicht zu beurteilen.

Andere Worte für Körper sind »guf«, Gimmel-Waw-Peh, 3-6-80, oder »geschem«, 3-300-40, das auch das irdische Selbst bedeutet, wie »ezem«, 70-90-40. Dieses Selbst stellt sich oft als hier erscheinendes Alles dar. Deshalb ist es wichtig, daß wir dem Körper vom Wort her Nachdruck geben und nicht zu schnell sagen: Der Körper ist doch sterblich, wir wollen uns lieber mit der Seele beschäftigen.

Wozu hat dann Gott den Körper gemacht, ließ die Körperlichkeit, »gaschmiuth«, 3-300-40-10-6-400, hier erscheinen? Sogar der Messias erscheint körperlich. Wir sollten also immer diese Verbindung zwischen Körper und Leib suchen. Die Namen der Organe und nun auch der Glieder weisen schon auf diese Einheit, auf diese Gleichheit hin. Wir sind mit Körper und Seele, mit Körper und Leib unser Selbst, unser »azmuth«, 70-90-40-6-400.

Vielleicht können uns die Glieder wieder ein wenig weiterhelfen.

Hände

Hand, »jad«, Jod-Daleth, 10-4, hat im Deutschen schon viele Aspekte, die auf den Leib hinweisen. Ich nenne als erstes das Handeln, also das Tun. Man spricht vom Behandeln, Verhandeln, Mißhandeln. Die Bibel spricht von der Hand Gottes, seinem ausgestreckten Arm. Und oft fühlen wir uns »in Gottes Hand«.

Die Hand kann halten. Daß eine Haltung etwas mit den

Händen zu tun hat, ist nicht mehr ersichtlich. Oder das Verhalten, das Behalten, der Behälter; Verhaltensforschung, Handelsbeziehungen, Handauflegen.

Letzteres verstimmt mich gleich. Handauflegen ist eben ein Zeichen, daß man das Wort für sein Machtstreben mißbraucht. Wenn wir den irdischen Körper Irdischem begegnen lassen, z. B. einem Arzt mit seinen kausalen, seinen logischen Anschauungen, dann überlassen wir Gott die Heilung. Wenn aber einer behauptet, er habe außergewöhnliche, sogar außerirdische »Kräfte« in seinen Händen, dann kann es zwar sein, daß sie hier auch helfen; aber jede Hilfe ist hier zeitlich begrenzt. Auch der Handaufleger ist sterblich, und das weiß er nur allzu gut.

Ein Tun, als ob man eine Technik hat, eine Magie also, ist ein Sich-an-die-Stelle-von-Gott-setzen. Und jede Hilfe hier ist die vom Baum der Erkenntnis. Warum so tun, als gelänge es *doch*, zum Baum des Lebens durchzudringen? Die echte Hilfe bringt, wer uns die Ewigkeit schenkt.

Das kann aber nur mit dem Wort geschehen. Und es will gar nicht sagen, daß der, der die Worte hört, oder der, der sie spricht oder erklärt oder erzählt, damit hier auf Erden länger lebt. Er kann aber mit dem Wort durchdringen zum Ewigen, wenn es ihn berührt. Dann hat er den Geschmack des Ewigen hier geschmeckt. Und wer dieses Wort mitteilt oder hört oder wem es einfällt, erlebt das gleiche. Unzählige Male kann man das hier erleben.

Die Hand des Körpers kann also nichts außerhalb des Erscheinenden und seiner Kausalität tun. Das Erscheinende hat eine Zeitreihenfolge, eine Zeitsequenz, die man auch vom Baum des Lebens her erkennen und anerkennen kann. So tun als ob oder Zaubern wäre Götzendienst. Man benutzt Naturkräfte und tut, als ob sie von einem höheren Wesen seien. Das ist natürlich Betrug. Verbindung hat man dabei höchstens mit Dämonen, man ist dann besessen.

Die Hand zeigt in der Erscheinung die 1-4, Daumen und vier Finger. Sie weist damit im Leib auf etwas Besonderes hin. Deshalb ihr reiches Leben in der Sprache, das wir in Worten wie Handeln, Haltung schon angedeutet haben. Bei unserem Handeln sind unsere Hände vielleicht ganz bewegungslos. Wir kennen eben die Beziehung von Leib und Körper hier noch nicht. Vielleicht finden wir sie einmal, wenn wir die Angelegenheit vertrauensvoll Gott überlassen. Auch hier erhalten wir das Manna, das wir jeden Tag einsammeln.

Wir haben zwei Hände, ein Zeichen schon der überall sich äußernden Dualität. Und wir wissen, daß die linke Hand anders ist als die rechte, wenn sie sonst auch gleich und entgegengesetzt aussehen. Der Daumen übt die Funktion der Eins gegenüber der Vier aus; aber viel davon zeigt der Körper nicht. Daumen, »bohen«, Beth-He-Nun, 2-5-50, bedeutet eigentlich »in ihm sind sie«. Ja, die Eins, die Quintessenz, enthält alles von der Vier. Materiell ist das nicht feststellbar. Vieles ist hier eine Glaubenssache, spekulieren hat keinen Sinn. Man käme dabei nur sehr bald zur Zauberei. Das Gespräch mit der Schlange ist sinnlos. Dazu aber will uns die Schlange verführen, dazu ist sie da. Sie möchte uns auf alles, was war und ist, aufmerksam machen, damit wir selber tun, damit wir selber Macht suchen. Könnten wir uns aber nicht an das Wunder des Wortes halten, über die Schöpfung staunen, über Gott, der das alles gemacht hat und der uns doch gleicht?

Die Hand kann heben, kann greifen. Wie kommt es denn mit den Händen zum Begreifen, zur Ergriffenheit? Woher das Erhalten, das Handhaben? Das Wort will nicht, daß man sich im Detail verliert, es will zeigen, daß man ohne Ende weitergehen könnte. Die Erlösung aber ist immer ganz nahe, immer steht sie unmittelbar bevor.

Die Schlange möchte uns verführen, immer noch mehr wissen zu wollen, im Gespräch mit ihr zu bleiben. Wie gern zeigen wir nicht, daß wir mehr wissen als andere. Wo es doch eigentlich um das Staunen über Gott und seine Schöpfung geht.

Füße

Die Beine, die Füße leben in der deutschen Sprache ebenfalls auf vielerlei Art. Man spricht doch vom Standpunkt und vom Verstehen. Besonders auch das Gehen weist auf den Leib hin. Wir gehen unseren Weg, begehen ein Vergehen, sind bewegt, haben Beweggründe, fühlen uns dieser oder jener Bewegung zugehörig. Denken wir auch an den Gang der Geschichte und den Weg des Lebens überhaupt.

Im Hebräischen heißt Bein oder Fuß »regel«, Resch-Gimmel-Lamed, 200-3-30. Das Ziehen nach Jerusalem, zur Wohnung Gottes, wird »oleh regel«, ein Aufsteigen des Fußes genannt. Und die drei in der Bibel genannten Wallfahrten nach Jerusalem heißen »regalim«, Mehrzahl von »regel«. Ausgerechnet das Wort für Fuß, für Bein kennzeichnet diese »drei Feste« als drei »regalim«, als drei »Beine«.

Noch mehr wird man zum Überdenken des Ganzen veranlaßt, wenn man weiß, daß das hebräische Wort für den Baum des Lebens, »ez ha-chajim«, Ajin-Zade He-Cheth-Jod-Jod-Mem, 70-90 5-8-10-10-40, genau 233 zählt, wie »regel«, 200-3-30. Und daß der Baum der Erkenntnis genau 932 zählt, also viermal die 233. Zusammen sind die beiden Bäume fünfmal »regel«, und der Baum des Lebens ist die Quintessenz des Ganzen.

Und wenn man die vier »toldoth«, die vier Teile des Weges in der Bibel im Alten Testament betrachtet, sieht man, daß die vierte, die entscheidende der vier, genau 233 Jahre währt. Und das Wort für Los, für Schicksal, »goral«, 3-200-30, hat auch diese 233.

Der Fuß, das Bein im Leib hat also manche Aspekte, die uns dem Sinn des Lebens näherbringen möchten. Wie das Gehen im Raum, so gibt es das Gehen zu Gott; die Sehnsucht läßt uns gehen, läßt uns auch bewegt sein.

Selbst das Stehen oder Sitzen bedeutet im Leib mehr, als wir vom Körper allein vermuten könnten. Aber wir brauchen deshalb im Körper in dieser Welt nicht zu verzweifeln. Es gibt ja das Wort, die Sprache, es gibt Gott, dies alles ist ein Bund, der uns mit dem Leib verbindet. Durch das Wort wissen wir, wie der Leib geht, was das Leben will, was es bezweckt.

Wir sind durch das Tier, durch die Schlange, gefallen. Unser Körper zeigt es. Aber wie hätte das Tier je erhöht werden können, wenn nicht der Mensch gekommen wäre? Der Mensch, von dem Gott erwartet, daß er die ganze Schöpfung zu ihm bringen werde? Der Mensch, der den Weg verstehen wird, der seinen Standpunkt im Unterworfensein, dem Naturgesetz unterworfen sein, aufgeben wird, der verstehen wird, der bewegt sein wird vom Geschenk der Liebe, in Freiheit, in Ebenbürtigkeit, im Gleichnis zu Gott zu stehen? Der Mensch wird gehen, wird einen aufrechten Gang haben, eine aufrechte Haltung. Sein Gehen wird ihn Gott näher bringen. Sein Gehen wird das Aufsteigen sein, immer leichter wird es ihm werden, immer klarer. Er wird erleben, daß sich bei ihm manches ändert, wenn er geht. Er wird einsehen, was der Sinn der Zeit ist, das Geschenk der Zeit: Daß er den Weg gehen kann. Vom äußersten Elend bis ins höchste Glück, von verfließender Zeitlichkeit in bleibende und zugleich sich immer erneuernde Ewigkeit. Daß er zum Gehen eben die Hoffnung als Maßstab hat.

Denn das Wort »kaw«, Meßschnur, Kof-Waw, 100-6, ist Stamm vom Wort Hoffnung, »tikwa«, Taw-Kof-Waw-He, 400-100-6-5. Der Weg des Leibes, des Lebens ist dieser Weg von außen hinein ins Wesen, hinein in die Wahrheit und das *ganze* Leben.

Das ist das Gehen im Leben nach Jerusalem. Dann ist es nicht das körperliche Jerusalem, dann sind das irdische und das himmlische Jerusalem gleich, wie Körper und Leib eigentlich ein und dasselbe sind. Nur unsere Sicht, vergiftet durch die Frucht vom Baum des Wissens, spaltet die beiden.

Jerusalem ist das Zentrum des Lebens, wo Gott wohnt, wo Gott in seiner Vollkommenheit gesehen wird, in seiner Ganzheit. Der Name ist zusammengesetzt aus »jeru«, dem Sehen, von »ro-e«, wie »jira«, und »schalem«, vollkommen, von »schalom«, 300-30-40, Frieden.

Dorthin kann der Mensch in seinem Lebensweg aufsteigen, auch wenn er körperlich immer am gleichen Platz bleibt. Aber geistig, vom »ruach« her, ist er zu Gott aufgestiegen. Wie jeder Atemzug doch wie ein Wind ist, ein- und ausgehend. Die »neschama« wird vom »ruach« hin und her geleitet.

Und so ist unser körperliches Gehen im Leben von Gott in diesem Sinn bedingt und gelenkt. Man begegnet einander, kauft ein Buch, geht, einen Vortrag oder um Musik zu hören. Man geht in eine Versammlung, in die Kirche. Wir gehen im Leben überall dorthin, wohin der Weg des Lebens uns führt.

Lebenswege vom Körper zum Leib

Im Judentum heißt die Einrichtung des praktischen Lebens »halacha«, und das bedeutet nichts anderes als »das Gehen«.

Der »regel« ist also entscheidend für diesen Weg. Jeder Mensch möchte doch das Ewige. Oft wirft er alles weg, weil er verzweifelt ist. Die Zwei, das Äußerste im Zeitlichen und das Äußerste im Ewigen macht ihn verrückt, er rückt von seinem Ort weg. Dann kommt ein neuer Tag; zeitlich vielleicht erst in tausend Jahren. Aber er kommt.

So hat er im Leib immer Wallfahrt, steigt auf nach Jerusalem, um dort das »korban« zu bringen, dort Gott näher zu kommen mit seiner ganzen Existenz.

Der Gelähmte kann nicht gehen. Aber es gibt doch die Freiheit, auch für Gott. Er kann den Gelähmten heilen, er muß nicht gelähmt bleiben. Wie Gott auch den Blinden, Tauben, Stummen heilen kann. Gerade im

Leben, im Leib. Dann wird der Körper es schon auch bekommen. Bei Gott gilt es dann. Hier könnte es länger dauern. Das wäre dann bedauerlich. Aber es kommt endlich dann doch einmal, auch hier.

Beim Hinaufziehen nach Jerusalem, bei diesem »oleh regel«, nimmt man alles mit. Und zwar in der Form, daß es mitgehen kann. Das Bild dafür ist: Man tauscht es in Geld ein. Im Leib wird es so umgesetzt, daß es in Jerusalem gebraucht werden kann. Zur Freude, zur Erlösung.

Der Ertrag der Tage des Lebens in der Welt ist all das, was und wie es erlebt wird. Man liest, man unterhält sich, man fährt, begegnet Leuten, wird überrascht, man langweilt sich, ist ungeduldig. Alles das, was man im Leben erlebt, im Körper hier mitmacht, das wird im Leib umgetauscht in Werte, die der Leib versteht, die dem Leib den Sinn des ganzen Lebens geben. Also alles, was hier im Leben Wert hat, hat im Leib umgetauscht Wert für den Leib, wenn er in Jerusalem, im Zentrum des Lebens ankommt. Und dort dient es zur Freude. Es ist dort lauter Freude. Die echte Freude im Ewigen verstehen wir hier noch nicht. Sie vereinigt alle nur erdenklichen Freuden in sich.

Wer viel Ertrag im körperlichen Leben hat, hat dort demgemäß viel Freude. Wer wenig, vielleicht nur wenig. Aber man kann nicht wissen, wie es bewertet wird. Vielleicht kann das Wort, die Sprache uns auch helfen bei der Übersetzung der Werte aus dem Leben hier ins Leben im Sein, in unserem ewigen Sein.

Und all diese Freude am Ertrag aus dem Leben, den wir mitnehmen ins Ewige, gibt uns dort auch Freude. Dazu ziehen wir nach Jerusalem, ins Zentrum der Welt, ins Zentrum des Lebens, weil man nur dort das »korban«, das Gott sich nähern, erleben kann. Nicht außerhalb; dort führt der Weg zu den Götzen: unsere Theorien, unser Konstruiertes. Oft sehr verlockend. Zu Gott aber kann man nur im Zentrum vom Zentrum, im Vollkommenen kommen.

Es handelt sich also nicht um eine nationale Angelegenheit oder um die einer Religion. Jeder kommt nach seiner ihm gegebenen Herkunft zu Gott, zum ewigen Sein, wo Gott als Person aller Personen, als Ich aller Ichs ist; wo jeder sich in Gott vollkommen erkennen kann.

Das ist der Weg des Menschen, der Sinn des Lebens. Dazu ist die Schöpfung, dazu ist alle Kreatur da. Es ist der Weg vom Körper, von unserer Konkretheit in den Leib, zum wirklichen Sein. Wir sind die gleichen, nur der Weg gibt uns das Gefühl, wir seien getrennt, gespalten. Dieser Weg wird aber gemäß unserer Sehnsucht, gemäß unserer Hoffnung gemessen.

Es geht darum, daß wir uns dort wiedererkennen als diejenigen, die wir hier immer schon sind, und von hier aus denken, die wir hier *waren*. Die Überraschung ist aber, daß wir sehen, wir sind die gleichen. Wir bleiben schon. Die Verlockungen, die Sünde, lassen uns »fallen«. Aber nur, damit uns die Sehnsucht nach dem verlorenen Paradies von neuem überfällt. So erfahren wir die Größe des Glaubens gegenüber all dem Konkreten hier. Wir erfahren den Sinn der Zeit, der fließenden, der zerfließenden, indem wir uns nach Bleiben, nach Ewigkeit sehnen.

Wir erfahren, daß Leute uns hier in der Zeit verlassen. Da kommt uns die Sehnsucht, diese Leute doch wiederzusehen. Wir erleben Trauer und Sehnsucht. Oft

»zum Verzweifeln«, weil man die Sehnsucht für eine Sehnsucht nach einer Utopie hält.

Sehnen wir uns nicht auch nach der guten alten Zeit, nach früheren Zeiten, die verflossen sind? Das bedeutet doch eigentlich nur Sehnsucht nach dem Leib. Wir glauben nicht, daß wir dieselben sind, hier und dort. Wir wollen nicht gern an das Unmögliche glauben. Weil es eben mit unseren Maßstäben aus dem Körperlichen nicht erfaßt werden kann.

Tod, Leben und Ewigkeit

Durch hier erlebtes Elend wird der Traum des Ewigen immer farbiger, immer stärker. Nur wagen wir nicht, ihn zu träumen, weil er unseren Maßstäben entgleitet. So erleben wir, was Glaube ist. Gerade kein wissenschaftlich zu fassendes Welt- oder Gottesbild. Wir fangen an zu verstehen, was es bedeutet, sich von Gott kein Bild zu machen.

Was kommt, ist ein derartiger Überfluß, daß alle gemachten Bilder zerschellen.

Man will ein anständiges Jenseits haben. Es soll unseren Vorstellungen von dieser Welt doch einigermaßen entsprechen. Dort zumindest muß das Wohnungsproblem doch gelöst sein, auch das Problem der Überbevölkerung, und selbstverständlich darf es Unrecht dort nicht geben.

Alles aber nach Maßstäben der Zeitlichkeit. Anderes läßt uns sogar gruseln. Das zeigt, wie sehr wir dem Baum des Wissens von gut und böse verfallen sind. Wir werden mit unserem Verstand beurteilen, ob etwas gut oder böse ist. Von Vertrauen haben wir nie gehört. Denn wir vertrauen Gott nur, wenn er uns Gutes nach unseren Maßstäben der Zeitlichkeit gibt. Wir können uns aber gar keine Vorstellung vom Guten in Ewigkeit machen.

Wir sorgen uns, wen ein Verstorbener dort zuerst trifft und wen er warten lassen muß. Maßstäbe aus unserem Zeit- und Raumerlebnis. Wenn alles zugleich ist, wo bliebe dann die Freude des Erwartens, des Zeigens, daß *wir* es gemacht oder verdient haben? Daß Ewigkeit *auch* das Zeiterlebnis umfassen kann, paßt nicht in das Fassungsvermögen unserer Vorstellungen von gut und böse. Auch im Glauben will man es stimmen lassen nach der eigenen Stimme oder nach der Stimme des großen »man«, der Allgemeinheit.

Aber es gibt das Wort, es gibt die Sprachen. Das Wort hat uns beim Körper darauf gebracht, daß der Leib, das Leben mehr zeigt. Wozu sonst diese anderen Werte im Wort? Wir sind zu armselig in unserer Vorstellung vom Leben, vom Leib.

Die Funktionen unserer körperlichen Organe, unseres Körpers überhaupt, unseres Kopfes und unserer Glieder deuten schon im Wort auf eine Wirklichkeit, die zwar in uns lebt, uns aber kaum oder überhaupt nicht bewußt ist. Obwohl wir das Wort, die Sprache ganz bewußt zu beherrschen glauben. Wir messen das Geschehen der Welt nach unseren Maßstäben von gut und böse und wir leugnen, daß unbewußt in uns auch alles lebt, was das Wort selbst aussagt.

So ist es auch mit unseren Vorstellungen vom Leben »nach« dem körperlichen Tod. Schon dieses »nach« zeigt, daß wir nur eine linear verlaufende Zeit anerkennen. Wohl sprechen wir von gleichzeitig, weil das Wort dazu imstande ist, schalten aber zugleich eine Gleichzeitigkeit als irreal aus.

Daß unser Herz die Mitte des Lebens ist, bleibt schön gesagt, aber man vergegenwärtigt es sich kaum. Daß das Blut nicht nur körperlich Lebenselement ist, sondern daß es auch das Gleichen im Wort ausdrückt, ist »wissenschaftlich« nicht haltbar. Daß das Blut den ganzen Körper belebt, ist klar, daß aber unser Gottgleichen ein Interesse und ein Mitleben mit allem in allen Zeiten und überall erwartet, ist unmöglich zu fassen.

Nun, im Nichtbewußten, können wir durch das Wort vielleicht annehmen, spielt das Leben vielschichtiger. Sexualität spielt dort auch, aber viel weitgehender und jedenfalls auch ganz anders. Wir haben versucht, dem Wort gerecht zu werden, Worten, die schon Jahrtausende geschrieben und gesprochen werden, also zur Erbmasse des Menschen gehören. Alles das geschieht also schon im Leben hier, und geschah so seit Jahrtausenden, ohne daß die Menschen sich bewußt waren, was die Worte, die sie sprachen, alles aussagten.

Denn der Leib steht dem Körper eigentlich gegenüber wie Zeitlosigkeit der Zeitlichkeit. Wir leben also hier schon zeitlos. Die Zeit tut dem Leib eigentlich wenig an. Deshalb wohl die Sehnsucht im Körperlichen nach Ewigkeit, die Sehnsucht, dem Tod, dem Verschwinden endlich einmal zu entkommen.

So ist der Leib, ist die »nefesch« eigentlich an sich schon vom Zeitgeschehen unabhängig. Nur der Körper verwest durch die Zeit, ist ihr unterworfen. Aber der Leib hat die Potenz, den Körper immer wieder entstehen zu lassen. Wir sehen es bei den Blumen, den Pflanzen und den Tieren. Immer kommt die gleiche Art zurück.

Wir sagen dann, daß das immer wieder hier Erscheinende instinktmäßig schon große Weisheit zum Leben hat.

Die »nefesch« enthält somit auch das, was wir Gene, Erbmasse nennen. Unser Leben ist dort schon enthalten. Und vielleicht lebt es sich ohne das Zerfließen der Zeit reichhaltiger und besser.

Ein hier Verstorbener begegnet dort nicht nur den früher Verstorbenen. Das wäre im Sinne vom Baum des Wissens gedacht. Die Gestorbenen sind aus der Zeit herausgefischt. Die Fischangel, der »zade« hat sie herausgeholt. Das kann beim Tod geschehen; es kann aber auch während des Lebens stattfinden.

Aber die auch und noch hier Lebenden leben im Leib, also mindestens unbewußt auch im Zustand des Gefischtseins. Das hieße, daß die Gestorbenen mit ihrer »nefesch« im Zeitlosen mit unserer hier noch im Körper lebenden »nefesch« in ein Bündel gebündelt sind. Gott, so heißt es, wird uns doch nicht etwas derart Grausames antun, das wir nur als ein Verbrechen ansehen können. Aber wir scheinen das Gott doch zumuten zu können. Und sagen dabei, wir glaubten an den lieben Gott, den lieben Herrgott.

Sich gewöhnen, im Wort zu wohnen

Wenn man sich an die Wahrheit und an den Ernst der Worte ein wenig gewöhnt, könnte man bald auch mit dem Wort zusammen wohnen, im Hause Gottes wohnen, wo für jeden auch seine eigene Wohnung ist. Und dort wird die »neschama«, das Göttliche in uns, das Wort also auch, sich fragen, wie es sein kann, daß wir alle so wenig auf dieses Geschenk des Wortes geachtet haben. Immer sind wir zu gescheit; eben: gescheit wie der Teufel. Denn die Liebe ist so groß, daß sie von allen Draußenstehenden vielleicht gemieden wird. Aber dazu ist die Erlösung da. Deshalb wollen wir allen, die draußen stehen, diese Liebe gönnen, sie ihnen wünschen. Unser Herz könnte überall dorthin Gottes Gleichnis führen, wo es noch nicht erfahren wurde. Wir alle könnten auf diese endgültige Erlösung hoffen, diese Hoffnung zu Gott tragen.

Das Erzählen vom Leib will nicht als ein interessantes Bereichern unseres Wissens verstanden werden. Um sich damit eventuell brüsten zu können. Daraus entstünde nur neuer Neid oder neue Zweifel. Besser wäre es, einfach bescheiden, keusch, fromm zu leben. Das Wissen vom Leib und das Entdecken der Wunder des Wortes strahlt schon aus. Man kann auch da auf Gott vertrauen, daß er diese Gedanken überall fruchtbar werden läßt. Er weiß schon wann, wem, wo.

Dann werden wir auch erkennen, wozu der Körper in diese Welt hineingeregnet wurde. Um bei uns die Liebe zu erwecken, das Staunen über den unermeßlichen Reichtum des Wortes. Dann werden wir die Freude der Ehe des Zeitlichen mit dem Ewigen erleben, vom Körper mit dem Leib. Dann wird das Leben eine Einheit bilden, und Gott wird nichts vergessen. Wir könnten darauf vertrauen. Er wird alles so leben lassen, derart richtig, daß jedes Leben auf seine Weise spürt, daß wirklich Gerechtigkeit geschehen und jede Angst jetzt verschwunden ist.

Ist nicht das Weltall, ist das Leben bis ins Allerkleinste und bis ins Größte nicht schon eine Garantie, daß man auf den Vater im Himmel vertrauen kann?

Und so gehen wir jeden Moment den Weg, kommen wir immer dem Ewigen näher. Es ist ein überaus interessanter Weg, ein spannendes, faszinierendes Abenteuer. Und wenn wir schon vom Sieg der Liebe träumen möchten, könnten wir es dann nicht Gott überlassen, daß er zumindest unsere Wünsche zum Guten übernehmen kann? Und daß er zu allem Bösen dann auch Nein sagt, es also vernichtet?

Dann wird der Herr Einssein und sein Name Eins. Dann wird nichts mehr außerhalb stehen, dann ist alles wie beim guten Hirten vereint. Es ist eigentlich einfach, den Körper so zu sehen, daß wir den Leib, das Leben erkennen. Der Weg dorthin ist nicht weit, man kann gleich dort sein. Dann erst hat man das Hier erkannt, dann erst bemerkt man, daß alles vom Anfang her, von der Hauptsache her, schon immer da war. Das wäre die schönste Überraschung. Wir werden uns dann die Augen ausreiben und denken, daß wir noch träumen. So schön, werden wir dann sagen, kann nur die Wahrheit, kann nur das Leben sein. Und der Weg unseres Lebens war ein Lohn, den wir gar nicht verdient haben. Weshalb waren wir immer so kleingläubig, so voller Kritik und voller Einwände? Dennoch wurden wir geliebt. Das ist die größte Überraschung, daß wir alles aus Gnade erhielten, ganz umsonst, vollkommen gratis. Das Böse ist repariert, von Gott gerichtet. Es gibt die Angst nicht mehr, denn der Richter ist der Liebende, der Sanftmütige. So zeigt sich die wahre Liebe. Und dazu ist doch diese Welt erschaffen, eine Welt zur Freude in der Ewigkeit.

Bücher von Friedrich Weinreb im Thauros Verlag D-8999 Weiler im Allgäu

DER BIBLISCHE KALENDER. MIT EINER CHASSIDISCHEN GESCHICHTE FÜR JEDEN TAG DES JAHRES
1. Band: Der Monat Nissan im Zeichen Widder
295 Seiten. Gebunden. ISBN 3-88411-022-5
2. Band: Der Monat Ijar im Zeichen Stier
371 Seiten. Gebunden. ISBN 3-88411-027-6
3. Band: Der Monat Siwan im Zeichen Zwillinge
416 Seiten. Gebunden. ISBN 3-88411-030-6
Weitere Monatsbände in Vorbereitung!

Wie jeder neue Tag Überraschendes bringt und eigentlich nur darauf wartet, von uns erfüllt zu werden, so handeln die alten oder neuen chassidischen Geschichten vom großen Geheimnis alltäglicher Überraschungen.

ZAHL, ZEICHEN, WORT. DAS SYMBOLISCHE UNIVERSUM DER BIBELSPRACHE
107 Seiten. Broschiert. ISBN 3-88411-031-4
Eine kurzgefaßte Einführung in die Welt jüdischer Überlieferung, zugleich ein Zugang zum Werk Friedrich Weinrebs.

WAS IST BETEN? LEBENSPRAXIS ALS GEBET
96 Seiten. Broschiert. ISBN 3-88411-023-3
Sind die vielberedeten Verhaltensstörungen des modernen Menschen in Wahrheit Gebetsstörungen? Dann allerdings handeln Gedanken zum Beten vom alltäglichen Verhalten des Menschen im Leben, umkreisen seine wahren Lebensverhältnisse.

SELBSTVERTRAUEN UND DEPRESSION
55 Seiten. Broschiert. ISBN 3-88411-009-8
Der frohe, tanzende König David und der gedrückte, sich in Eifersucht verzehrende König Saul leben an der Quelle unserer heiteren wie düsteren Stimmungen. Weinrebs einfühlsame Deutung dieser beiden biblischen Könige vermag den Menschen aus seinen depressiven Zwängen zu befreien.

DIE WURZELN DER AGGRESSION
61 Seiten. Broschiert. ISBN 3-88411-008-X
Biblische Urbilder – Angriff der Schlange, Kain und Abel, der Haß der Brüder auf Joseph – lassen Unfriede und Gewalt an ihren Quellen erleben. So öffnet sich dem teilnehmenden Leser der Weg, der aus aggressiver Verstrickung herausführt.

WENN EIN REBBE EINE GESCHICHTE ERZÄHLT. CHASSIDISCHE GESCHICHTEN
96 Seiten. Broschiert. ISBN 3-88411-029-2. Sonderausgabe
Weinrebs Geschichten tragen das unverwechselbare Kolorit des osteuropäischen Judentums. Sie erzählen vom Menschen in seiner ganzen Spannweite vom Heiligen bis zum abgründig Bösen, vom Menschen auf seiner unentwegten Suche nach Lebenssinn.

DER SIEBENARMIGE LEUCHTER
48 Seiten. Broschiert. ISBN 3-88411-025-X
Warum wird die Sieben eine »heilige Zahl« genannt? Und was ist das für ein Licht, das uns Erleuchtung schenkt? Tiefe Geheimnisse, die der Autor hier aus den Quellen jüdischer Überlieferung deutet.

DIE ASTROLOGIE IN DER JÜDISCHEN MYSTIK
200 Seiten. Gebunden. ISBN 3-88411-012-8
Eine ganz unbekannte Sternenkunde: die Astrologie des Seins. Sie erzählt von der königlichen Freiheit des Menschen, in jedem Augenblick seines Lebens die entscheidende Wende zu vollziehen.

VOM GEHEIMNIS DER MYSTISCHEN ROSE
48 Seiten. Broschiert. ISBN 3-88411-019-5
Eine Einführung in die Grundstruktur des symbolischen Weltverständnisses. Das ideale Geschenk für Leute, die sich zur anderen Seite des Lebens hingezogen fühlen.

TRAUMLEBEN. ÜBERLIEFERTE TRAUMDEUTUNG
4 Bände (896 Seiten). ISBN 3-88411-001-2
Das überlieferte Wissen des Judentums sieht im Deuten von Träumen ein Heilen von Krankheiten. Träume in der Nacht, aber auch am Tage, wo sie sich in Phantasien, Wünschen und

Vorstellungen äußern. Eine umfassende, kompetente Anleitung zum schöpferischen Umgang mit Wach- und Nachtträumen.

Das jüdische Passahmahl und was dabei von der Erlösung erzählt wird
277 Seiten. Gebunden. ISBN 3-88411-026-8
Was verbirgt sich in den über Jahrtausende bis heute treu bewahrten Handlungen, Bräuchen, Texten und Liedern, die den Abend und die Nacht des Pesach bestimmen? Weinrebs tiefgehende und umfassende Deutung erschließt das zeitlose Geschehen von Gefangenschaft und Befreiung, wie es sich im Kern jedes Menschen unablässig abspielt.

Der Krieg der Römerin. Lebenserinnerungen 1935–1943
2 Bände (524 Seiten). Gebunden. ISBN 3-88411-013-6
Fortsetzung der unter dem Titel »Begegnungen mit Engeln und Menschen« begonnenen Autobiographie. Weinreb erzählt von seiner Auseinandersetzung mit dem Bösen: Krieg, Naziherrschaft, Deportationen.

Das Wunder vom Ende der Kriege. Erlebnisse im letzten Krieg
540 Seiten. Halbleinen. ISBN 3-88411-024-1
Autobiographie der Jahre 1943 bis 1945. Es ist das Unglaubliche, das Unmögliche, das in diesseitig aussichtsloser Lage einbricht und den zum Tode Verurteilten immer wieder rettet.

Geistige Erfahrung und Lebenspraxis. Die ursprüngliche Bedeutung des Yoga
54 Seiten. Broschiert. ISBN 3-88411-020-9
Lassen sich unsere Erkenntnisse in unsere alltägliche Lebenswirklichkeit übersetzen? Oder bleibt es immer bei einer schmerzlichen Kluft? Diese Fragen bewegen uns heute mehr denn je. Weinreb zeigt eine Verbindung auf, die jeder, der sich danach sehnt, leben kann.